Rüdiger Dingemann – Renate Lüdde

WELT EDITION

60 Jahre Deutschland

Film und Fernsehen

Stars, Kultfilme und TV-Serien

1949–2009

Es ist nur natürlich, dass eine neue Kinogeneration die alte verdrängt, doch die deutsche Geschichte hat dafür gesorgt, dass dies besonders radikal geschah. In den Fünfzigern machte die alte Garde von Heinz Rühmann bis Marika Rökk ungebrochen weiter, als hätte sie nie unter Goebbels gedreht, und auch ihre Kinosöhne und -töchter wie O.W. Fischer oder Sonja Ziemann beförderten mit bunten Schnulzen das Vergessen. Dies nahmen ihnen die Film-Achtundsechziger übel, und als Wim Wenders, Volker Schlöndorff & Co. parallel zu Willy Brandt in Bonn das Kommando im Kino übernahmen, wirkte das wie eine Kulturrevolution; sie negierten die Existenz ihrer filmischen Eltern und beriefen sich allenfalls auf Großväter wie Fritz Lang und G.W. Pabst. Einzig Rainer Werner Fassbinder bekannte sich zu einer ungebrochenen Kontinuität und beschäftigte Altstars wie Karlheinz Böhm und Brigitte Mira. Dieses »Ich verleugne dich«-Prinzip von Generation zu Generation kennen andere große Filmnationen wie die USA, Frankreich oder Japan nicht, und doch hat es sich hierzulande noch zweimal wiederholt. Die Tom Tykwers und Florian Henckel von Donnersmarcks unserer Tage, die durchaus mit kommerziellem Blick produzieren, vermeiden peinlichst den Siebzigerjahrebegriff »Autorenfilm«, und mit dem Hochmut des historischen Siegers behauptet Deutschland-West, es habe in Deutschland-Ost keine guten Filme gegeben. Immerhin, die hoffnungsvollen Anzeichen mehren sich: 60 Jahre nach dem Bruch scheint sich dieses Land so weit gefunden zu haben, dass es »Münchhausen« genauso als Teil seines Kinoerbes anzuerkennen vermag wie »Spur der Steine«, »Die Blechtrommel« und »Lola rennt«. Zeit dafür wäre es.

Hanns-Georg Rodek
Filmkritiker der »Welt«-Gruppe«

BUCHER

INHALT

EREIGNISSE IN DER WELT		EREIGNISSE IN DEUTSCHLAND
Juri Gagarin ist der erste Mensch im Weltraum	1961	Bau der Berliner Mauer
US-Invasionsversuch auf Kuba scheitert		Kindergeld wird in der BRD eingeführt
Kennedy und Chruschtschow treffen sich in Wien		Beginn des Conterganskandals
Kubakrise zwischen den USA und der Sowjetunion	1962	Sturmflut an der Nordseeküste
Beginn des Zweiten Vatikanischen Konzils in Rom		Adolf Eichmann wird in Israel hingerichtet
EWG führt eine gemeinsame Agrarpolitik ein		»Spiegel«-Affäre
John F. Kennedy wird in Dallas ermordet	1963	Beginn des Auschwitz-Prozesses in Frankfurt am Main
Sensationeller Postraub in England		US-Präsident John F. Kennedy besucht Berlin
Papst Johannes XXIII. stirbt; ihm folgt Paul VI.		Ludwig Erhard (CDU) wird Bundeskanzler
Cassius Clay (Muhammad Ali) wird Boxweltmeister	1964	Ankunft des millionsten Gastarbeiters in Deutschland
Chruschtschow gestürzt, Nachfolger wird Leonid Breschnew		Gründung der »Stiftung Warentest«
Olympische Spiele in Innsbruck und in Tokio		Willi Stoph wird Vorsitzender des Ministerrats der DDR
Erster Kosmonaut schwebt im Weltraum	1965	Die BRD kauft politische DDR-Häftlinge frei (bis 1989 33755)
Schwarzenführer Malcom X wird erschossen		Fernsehen: Der »Beat Club« wird zum ersten Mal ausgestrahlt
Ost und West rüsten mit Atomwaffen auf		26 Starfighter der deutschen Luftwaffe stürzen ab
Prinzessin Beatrix und Claus von Amsberg heiraten	1966	Große Koalition: Bundeskanzler Kurt-Georg Kiesinger (CDU)
Frankreich zieht sich aus der NATO zurück		In Rheinsberg geht das erste Atomkraftwerk der DDR in Betrieb
Vatikan hebt »Index der verbotenen Bücher« auf		Passierscheinabkommen für Härtefälle unterzeichnet
Erste erfolgreiche Herztransplantation	1967	Der Student Benno Ohnesorg wird in Berlin erschossen
Sechs-Tage-Krieg (3. Arabisch-Israelischer Krieg)		Start des Farbfernsehens
Rassenunruhen in den USA		Gesetz über die »Staatsbürgerschaft der DDR«
Prager Frühling wird gewaltsam beendet	1968	Die Mehrwertsteuer wird in Deutschland eingeführt
Martin Luther King und Robert Kennedy ermordet		Notstandsgesetze werden vom Bundestag verabschiedet
Olympische Spiele in Grenoble und in Mexico-City		Attentat auf den Studentenführer Rudi Dutschke
Die Besatzung der Apollo 11 landet auf dem Mond	1969	Gustav Heinemann (SPD) wird zum Bundespräsidenten gewählt
Woodstock Music and Art Festival in den USA		Sozial-liberale Koalition: Bundeskanzler Willy Brandt (SPD)
Jan Palach verbrennt sich auf dem Prager Wenzelsplatz		Start des Farbfernsehens in der DDR
US-Invasion in Kambodscha	1970	Herabsetzung des Wahlalters auf 18 Jahre
Schwarzer September: Palästinenseraufstand in Jordanien		Start der ARD-Fernsehserie »Tatort«
Bundesrepublik und Polen zeichnen Warschauer Vertrag		Willy Brandt kniet vor dem Denkmal des Warschauer Ghettos
Volksrepublik China in die UNO aufgenommen	1971	Machtwechsel in Ostberlin: Ulbricht übergibt an Honecker
Verbot der Zigarettenwerbung im US-Fernsehen		374 Frauen bekennen öffentlich: »Wir haben abgetrieben!«
Umweltorganisation Greenpeace wird gegründet		Willy Brandt erhält den Friedensnobelpreis
Club-of-Rome-Bericht »Die Grenzen des Wachstums«	1972	Attentat während der Olympischen Sommerspiele in München
Unterzeichnung der SALT-I-Verträge		Grundlagenvertrag zwischen der BRD und der DDR
Olympische Winterspiele in Sapporo		Heinrich Böll erhält den Literaturnobelpreis
Militärputsch in Chile	1973	Einführung der offiziellen Notrufnummern 110 und 112
Watergate-Affäre in den USA		BRD und DDR werden Mitglied der Vereinten Nationen
Jom-Kippur-Krieg (4. Arabisch-Israelischer Krieg)		Reform des Sexualstrafrechts in der BRD
Äthiopien: Kaiser Haile Selassie I. wird gestürzt	1974	Walter Scheel (FDP) wird Bundespräsident
Türkische Invasion auf Zypern		Helmut Schmidt (SPD) wird neuer Bundeskanzler
Ende der griechischen Militärdiktatur (seit 1967)		Deutschland wird zum zweiten Mal Fußballweltmeister
Ende des Vietnamkrieges	1975	Volljährigkeitsalter von 21 auf 18 Jahre gesenkt
Tod General Francos, Ende der 36-jährigen Diktatur		Bund für Umwelt und Naturschutz Deutschland e.V. gegründet
Beginn des Bürgerkrieges im Libanon		Der Bonner Bundestag beschließt das »Extremistengesetz«
Olympische Spiele in Innsbruck und in Montreal	1976	Schweden: Carl XVI. Gustaf heiratet Silvia Sommerlath
Dioxin-Unfall in Seveso		Selbstmord der RAF-Terroristin Ulrike Meinhof
Start des Basisblocks der Weltraumstation MIR		Pfarrer Brüsewitz verbrennt sich in der DDR

Selten »ein Herz und eine Seele«: Mit der 25-teiligen ARD-Serie über die spießigen Tetzlaffs spaltete Wolfgang Menge in den 70ern die Nation. Einige liebten die Karikatur des hässlichen Deutschen, andere störten sich an der reaktionären Ader von »Ekel Alfred«.

Die Welt kommt ins Wohnzimmer

FILM UND FERNSEHEN IN OST UND WEST

Vom Lichtspielhaus bis zum Multiplexkino, von der Fernsehtruhe zum Flatscreen: Die Bildmedien haben in den letzten 60 Jahren eine rasante Entwicklung genommen. Wer kann sich heute noch ein Leben ohne Film und Fernsehen vorstellen? Doch noch in den 50er Jahren waren Hörspielkrimis wie »Gestatten, mein Name ist Cox« Straßenfeger. Mit dem Einzug des Fernsehgeräts in die Haushalte verlagerte sich nicht nur der Medienkonsum, sondern es veränderte sich das Leben der Deutschen. Man ging nicht mehr so oft aus, gruppierte sich lieber gemütlich im Wohnzimmer um das Pantoffelkino. Zwischen 1956 und 1962 halbierte sich die Zahl der Kinobesucher von 817 Millionen jährlich auf 443 Millionen. Im selben Zeitraum stieg die Zahl der Fernsehteilnehmer um mehr als das Zehnfache von rund 680 000 auf 7,2 Millionen, und Mitte der 70er Jahre besaßen 93 Prozent aller bundesdeutschen Haushalte einen Fernsehapparat. Bevor das Fernsehen zu einer der wichtigsten Informationsquellen wurde, stillten die Kino-Wochenschauen das Bedürfnis nach aktueller Berichterstattung in bewegten Bildern. Im Vorspann des Films lieferten u. a. die »Neue deutsche Wochenschau« (1950–1963) oder »Fox tönende Wochenschau« (1950–1978) Zweiminutenberichte aus Politik, Sport und vom Boulevard; das Pendant dazu im Kintopp des Ostens war die DEFA-Wochenschau »Der Augenzeuge«. Kurioserweise lieh sich in den Anfangsjahren des bundesrepublikanischen Fernsehens die ARD von der Kino-Wochenschau die Filmrollen.

Ein Programm zu haben war ohnedies das Hauptproblem der TV-Pioniere. Alles musste in beengten Studios live produziert werden, das bedeutete in den wenigen Stunden der Sendezeit Stress pur für alle Mitwirkenden. Inzwischen sind wir »Zapper« und »Surfer«, von Satelliten rund um die Uhr versorgt, bei 40 Kanälen angelangt.

Der größte Skandal des Nachkriegsfilms: Hildegard Knef spielte 1950 in Willi Forsts melodramatischem Sittenfilm »Die Sünderin« eine Femme fatale und blieb diesem Image in den 50er Jahren treu, etwa in »Alraune« (1952), »Das Mädchen aus Hamburg« (1958) oder »Lulu« (1962).

PROGRAMM IM DIENST DES SOZIALISMUS: DDR-TV

Wer hatte denn nun eigentlich wirklich die Nasenspitze vorn? Pünktlich zu Stalins 73. Geburtstag am 21. Dezember 1952 wurde erstmals aus dem neuen Studiokomplex in Berlin-Adlershof gesendet, der bis zum Ende der DDR das Zentrum des staatlichen Fernsehfunks bilden sollte: Mit der Nachrichtensendung »Die aktuelle Kamera« begann das »offizielle Versuchsprogramm« des DDR-Fernsehens. Schon 1950 hatte der Ministerrat der DDR den Aufbau eines eigenen Fernsehsenders beschlossen, wenig später setzte im VEB Sachsenwerk Radeberg die Produktion der Fernsehgeräte vom Typ Leningrad T2 ein. Die Partei- und Staatsführung erkannte im Fernsehen eine Bildungseinrichtung zur »Formung des sozialistischen Menschen«, sogar die Sportinformationen wurden politisch-ideologisch instrumentalisiert. Entsprechend räumte man zunächst der Unterhaltung einen relativ geringen Stellenwert ein. Ohnehin lief vorerst alles nur auf Sparflamme. Erst Anfang 1956 ging der Deutsche Fernseh Funk (DFF) offiziell auf Sendung. Der Vorsitzende des staatlichen Rundfunkkomitees war zugleich Mitglied der Agitationskommission im ZK der SED, die bis Oktober 1989 alle politischen Magazine und Nachrichtensendungen kontrollierte.

Auch Feind-Propaganda spielte eine Fernsehrolle. Während der Hochphase des Kalten Krieges ging es den beiden deutschen Staaten darum, sich »über Auge und Ohr« ins Bewusstsein des anderen »einzuschleichen«. Nicht anders als der Westen mit seinen Radio- und Fernsehprogrammen wollte auch der Osten die Bevölkerung der anderen Hälfte davon überzeugen, dass sie im »falschen Teil Deutschlands« lebte. Dem DFF gelang es aber nur, in die sogenannten Zonenrandgebiete der BRD-Grenznähe hineinzufunken, zur Freude

Publikumsliebling Hans Albers (1891–1960) als redlicher Fernlastfahrer Heinrich Schlüter, der fast auf die schiefe Bahn gerät. Regisseur Rudolf Jugert und Drehbuchautor Helmut Käutner nahmen für »Nachts auf den Straßen« beim Bundesfilmpreis 1953 den Goldenen Leuchter als bester abendfüllender Spielfilm entgegen.

der dort lebenden Knirpse, die das DDR-Kinderprogramm besonders liebten, speziell das »Sandmännchen«, das seit November 1959 täglich um 18.50 Uhr ausgestrahlt wurde. Das Westfernsehen erreichte die DDR-Bürger fast überall, bis auf das »Tal der Ahnungslosen«, die Region um Dresden und den Nordosten um Greifswald. Nicht selten passierte es, dass auf Westsender eingestellte Antennen und ihre Besitzer wieder auf Linie »zurechtgerichtet« wurden. Dennoch, längerfristig gelang es der Staatsführung der DDR nicht, den massenhaften Konsum westdeutscher Programme zu unterbinden: Resigniert stellte Erich Honecker 1965 auf dem 9. Plenum des ZK der SED fest, dass sich der Empfang westlicher elektronischer Medien nicht kontrollieren lasse.
Nach 1960 waren die wesentlichen technischen Voraussetzungen zur Fernseherschließung der gesamten DDR abgeschlossen. Einen Meilenstein in der Entwicklung der Television setzte 1962 das sowjetische Fernsehen mit der ersten Direktübertragung aus dem Weltall von Bord des Raumschiffes Wostok 3. Zum 20. Jahrestag der DDR, am 3. Oktober 1969, wurde nicht nur der Fernsehturm am Ostberliner Alexanderplatz feierlich eröffnet, sondern mit dem SECAM-System wurde das Fernsehen bunt, vorerst nur samstags für vier Stunden. Zusätzlich ging das zweite Programm des DFF an den Start. Mit den »sozialistischen Bruderländern«, vor allem mit der CSSR, Polen und Ungarn wurde jetzt der Programmaustausch verstärkt: Analog zur westlichen »Eurovision« bildeten sie die östliche »Intervision«.

BEGINN DES FERNSEHENS IN DER BUNDESREPUBLIK

1945, in der Stunde null, wurden alle betriebsbereiten Sendeanlagen im Westen Deutschlands den einzelnen Besatzungsmächten unterstellt; diese Militärsender wurden dann zwischen 1948 und 1949 in Landessender des öffentlichen Rechts umgewandelt, und es entstanden die föderalistischen Strukturen, die auch noch in der heutigen deutschen Medienlandschaft Bestand haben. Im Juni 1950 schlossen sich die regionalen Sender in Westdeutschland zum Allgemeinen Deutschen Rundfunk zusammen (ARD). Das erste Fernseh-Testbild sendete von Hamburg aus der NWDR am 12. Juli 1950, dem sich ab September auch das erste, noch unregelmäßige Versuchsfernsehprogramm verdankt: Das Studio war in einem Hochbunker auf dem Heiligengeistfeld untergebracht, mit einem 0,25 kW-Sender auf dem Dach. Am 1. Oktober 1951 nahm im englischen Sektor Westberlins ein täglicher Fernsehbetrieb seinen Anfang, das Programm konnte aber wegen mangelhafter Wellenlänge in der Bundesrepublik nicht empfangen werden. Das Wettrennen mit dem DDR-Fernsehen wurde zusehends hektischer. Am 4. Januar 1952 präsentierte der NWDR versuchsweise die erste »Tagesschau«, aber erst am 25. Dezember 1952, punkt 20.00 Uhr, ging das deutsche Fernsehen auf Sendebetrieb.
Seit 1953 wurden Rundfunkgebühren erhoben. Allein aus diesen Einnahmen ließ sich das Programm jedoch nicht finanzieren: 1955 waren gerade mal 100 000 Fernsehteilnehmer registriert. So kam es, dass 1956 auf Antrag des Bayerischen Rundfunks Werbezuschaltungen genehmigt wurden; die dadurch erzielten Einnahmen sollten kulturellen Projekten zugutekommen. Dieses Feigenblatt schien zur Verbreitung des neuen Mediums noch unerlässlich, denn als »Kulturgut« hatte das Fernsehen bis in die 60er Jahre einen schweren Stand. Vom Bildungsbürgertum wurde die Flimmerkiste nämlich als »verdummend« abgelehnt.
Am 3. November 1956 lief der erste Werbespot im deutschen Fernsehen: die populären Komiker Beppo Brem und Liesl Karlstadt spielten den Sauberkeits-Sketch »Wenn Xaver kleckert, hilft Persil«. Künftig sollten an Werktagen zwischen 19.30 Uhr und 20.00 Uhr jeweils sechs Minuten Werbung gezeigt werden.
Bald betrugen die Werbeeinnahmen 30 Prozent des Gesamthaushalts der ARD. Und die Gebühren sprudelten ebenfalls: Mit Beginn der Wirtschaftswunderzeit stieg die Zahl der Fernsehteilnehmer sprunghaft an.
1963 nahm das »Adenauer-Fernsehen«, wie das regierungsnahe ZDF genannt wurde, seinen Sendebetrieb auf. Ein Jahr später wurden die Regionalprogramme der ARD eingeführt, zunächst mit einem Bildungsauftrag als Vorgabe für die Programmplanung. In den 70er Jahren entwickelten sich die »Dritten« aber zu Vollprogrammen mit viel Unterhaltung. Der Bayerische Rundfunk sollte unter den Regionalsendern eine Sonderstellung einnehmen: Bei kritischen politischen Diskussionen, Kabaretts oder Theaterstücken schaltete er sich schon mal aus dem Gemeinschaftsprogramm aus und sendete stattdessen lieber Volkstümliches.

Die Sportberichterstattung schließlich wurde für die Sendeanstalten im Hinblick auf die Einschaltquoten und damit verbunden die Werbeeinnahmen immer wichtiger. Hatte zunächst noch mancher Fußballverein Einwände gegen Direktübertragungen von Spielen, weil er befürchtete, dass weniger Fans in die Stadien kommen könnten, so ist der Verkauf von Senderechten heute von großer Bedeutung für die Clubs, und die Arenen sind dennoch ausverkauft. Die Deutsche Fußball Liga (DFL) kassiert von den Sendeanstalten in den Jahren 2009 bis 2012 rund 1,65 Milliarden Euro für die Übertragungsrechte der Bundesligaspiele.

Den Wettlauf ums erste Farbfernsehen gewann übrigens der Westen: Nach einer jahrelangen und teuren Testphase gab Willy Brandt, damals Vizekanzler, auf der Berliner Funkausstellung am 25. August 1967 das Startsignal: »In der Hoffnung auf viele friedlich-farbige aber auch spannend-farbige Ereignisse gebe ich jetzt den Startschuss für das deutsche Farbfernsehen«. Legendär ist die damit verbundene Panne: Weil Brandt den Druck auf den roten Attrappenknopf um 10.57 Uhr kurz verzögerte, erfolgte die Freischaltung der Farbe Sekunden zu früh. Es sollte die einzige Betriebsstörung bleiben. Das von dem deutschen Pionier Walter Bruch bei AEG-Telefunken entwickelte PAL-System war um Klassen besser als das notorisch farbinstabile System des US-amerikanischen Konkurrenten. Am Abend verfolgten 6000 stolze Besitzer von Buntfarbfernsehern dann im ZDF das erste Unterhaltungsprogramm in greller Farbenpracht, Vico Torrianis »Goldenen Schuss«.

»Lassie« war das Musterbeispiel aller Serien, in denen schlaue Tiere Kinder aus brenzligen Situationen retteten, es folgten »Fury«, »Flipper«, »Black Beauty« … Die Serie startete in loser Reihe 1958 in der ARD, in den folgenden zehn Jahren zeigte das ZDF insgesamt mehr als 300 Folgen. Auf der Studioaufnahme »Lassie« mit Jon Provost als Timmy, etwa 1962.

TRÜMMERFILM – KINOWUNDER – KINOKRISE …

Auch die Anfänge der Filmproduktion hingen im geteilten Deutschland maßgeblich von den Besatzungsmächten ab: die westlichen Alliierten beschlagnahmten das Vermögen der UFA und verfügten, dass sie ihre Tätigkeit einstellte. Um eine Konzentration der deutschen Filmindustrie zu verhindern, wurden Produktionslizenzen nur an einzelne Firmen vergeben; gleichzeitig wurde der Import von Hollywood-Filmen protegiert.

Die ersten deutschen Filme der unmittelbaren Nachkriegszeit werden als »Trümmerfilme« bezeichnet und spiegeln eindrucksvoll die Verstörung, den Hunger und das Elend der Zeit: Wolfgang Staudtes Film »Die Mörder sind unter uns« (1945/46) wurde im zerbombten Berlin gedreht. Der ostdeutsche Film konnte davon profitieren, dass die Infrastruktur der alten UFA-Filmstudios im sowjetisch besetzten Teil Deutschlands lag. Die Spielfilmproduktion kam daher, mit sowjetischer Unterstützung, schneller in Gang als in den Westsektoren und geriet in der Folge nicht mehr ins Stocken: als Monopolbetrieb brachte die DEFA bis zum Ende der DDR an die 750 Spielfilme in den Kasten. Bald schon erlebte das westdeutsche Kino aber eine Blütezeit, die in der deutschen Filmgeschichte gern als »Kinowunder« bezeichnet wird. Sowohl die Zahl der gezeigten Produktionen, mehrheitlich banale Unterhaltungsfilme, als auch die Anzahl der Kinobesuche und der Leinwände stieg in der Zeit von 1946 bis 1956 rapide an.

Die weitere Geschichte des deutschen Films ist gekennzeichnet von seinem Verhältnis zum Fernsehen: Das Kino sollte in Zukunft unter der Television ebenso leiden wie von ihr profitieren. Anfang der 60er ging der Kinobesuch rapide zurück, im Jahr 1969 wurden nur noch schlappe 172,2 Millionen Eintrittskarten verkauft. Als Folge der dramatischen Einbrüche an den Kinokassen halbierte sich die Zahl der Kinos nahezu. Das Kinosterben hatte viele Ursachen. Der Hauptgrund lag im Fernsehen, das zum Massenmedium Nr. 1 aufgestiegen war.

In den 80er Jahren brach erneut eine Kinokrise aus, denn dem Filmangebot erwuchs durch die damals gegründeten privaten Fernsehsender und das neue Medium Video Konkurrenz. Am 2. Februar 1984 waren im Rahmen des Ludwigshafener Kabelpilotprojekts erstmals in der BRD die privaten Sender RTL und Sat.1 zu empfangen. Spielfilme, zur Primetime ausgestrahlt, machten einen großen Anteil ihres Programmes aus. Die Antwort der in ihrer Existenz gefährdeten Kinobetreiber hieß: Schachtelkino. Die großen, leer bleibenden Säle wurden in mehrere kleine umgebaut. Multiplexkinos waren die zugkräftige Antwort der Kinobetreiber, und erneut wurde es »in«, ins Kino zu gehen. Blockbusterfilme auf großen Leinwänden, Surround-Beschallung, komfortable Bestuhlung, ja sogar Kuschel-Pärchensitze … auch wenn mit den Film-DVDs zu Beginn des dritten Jahrtausends mehr Geld umgesetzt wird als an der Kinokasse, Kino als Event hat noch lange nicht ausgedient.

50ER JAHRE

Buntes Kino oder Fernsehen in Schwarz/Weiß

Das Kino bekommt Konkurrenz

»Schwarzwaldmädel«: Der Film (1950) in der Regie von Hans Deppe war die erste deutsche Nachkriegsproduktion in Farbe, beendete als optimistisch-romantische Operette die Phase der Trümmerfilme und löste eine Lawine von Heimatfilmen aus. Auf dem Standbild das 50er Jahre »Traumpaar« Rudolf Prack (in der Rolle des Malers Hans Hauser) und Sonja Ziemann (Bärbel).

»Maria Schell war einer der großen Stars des Kinos der fünfziger Jahre.
Sie bewegte die Herzen des deutschen Publikums, gehörte zu den beliebtesten und gefragtesten europäischen Stars.«

MARIA-SCHELL-RETROSPEKTIVE, DEUTSCHES FILMMUSEUM, 2007

Oben: In einer TV-Sendung (1963) zum 25-jährigen Fernsehjubiläum erklärt ein Spezialist, den Telefunkenempfänger FE 6 von 1938.

Heinz Rühmann (1902–1994) bei seinem letzten Fernsehauftritt in »Wetten, dass …« am 5.1.1994.

HEIMATGEFÜHLE IM KINTOPP

Das Nachkriegskino bediente zunächst alle Filmgenres – vom Problem- über den Gesellschafts- bis hin zum Unterhaltungsfilm.
Im Osten wie im Westen entstanden jedoch keine Produktionen von internationalem Rang. In der DDR produzierte die DEFA neben Literaturverfilmungen wie Heinrich Manns »Der Untertan« (1951) und Kinderfilmen (»Die Geschichte vom kleinen Muck«, 1953) auch politische Streifen (»Ernst Thälmann«, 1954/55).
Lichtspielsäle mit Samtvorhängen und kunststofftapezierten Wänden, mit Klappstühlen aus Holz und einem Klavier auf dem Podium. Oft riss die vom vielen Abspielen strapazierte Rolle, und wenn der Filmvorführer in seinem Kapäuschen die Panne gerade verschlief, machte ihn das Publikum mit Trampeln darauf aufmerksam: der Freude am Kinobesuch tat all das keinen Abbruch. Heute ist die Kinodichte der damaligen Zeit kaum mehr vorstellbar. In jedem Stadtteil gab es mindestens eines. Auf dem Vordach prangte in Neonschrift der Name des Kinos. Die Eintrittskarten zu ein paar Stunden Heiterkeit kosteten in der Tat nur Kleingeld: 90 Pfennig, 1,10 DM, 1,25 DM oder 1,40 DM. Dafür gab es ein Vorprogramm mit Trickfilmen und Wochenschau und danach die neuesten ausländischen, vor allem aber die neuesten deutschen Filme.
Mit Heinz Rühmann, Heinz Erhardt und Peter Alexander waren die Rollenbilder des Wirtschaftswunder-Films gut besetzt: Der eine, Publikumsliebling der 30er und 40er Jahre, spielte den verschmitzten Kleinbürger (»Wenn der Vater mit dem Sohne«, »Der eiserne Gustav«), der andere durfte den liebenswert vertrottelten Tollpatsch mimen, der immer wieder auf die Beine fiel und stets einen spaßigen Spruch parat hatte (»Natürlich die Autofahrer«, »Witwer mit fünf Töchtern«), und der Dritte gab den jugendlichen Feschak, den idealen Schwiegersohn, weltgewandt und romantisch, in jeder Lebenslage ein Lied auf den Lippen (»Ein Mann muss nicht immer schön sein«, »Das haut hin«). Zwar verursachte im Westen »Die Sünderin« 1952 einen heftigen Skandal, in erster Linie wegen einer kurzen Nacktszene von Hildegard Knef, erst in zweiter wegen des schwierigen Themas Euthanasie, doch sonst standen vor allem leichte Komödien und Heimatfilme auf dem Programm. Filmgrößen der Zeit, die die Kinokassen zum Klingeln brachten, waren Maria Schell und Lieselotte Pulver, Curd Jürgens, O. W. Fischer, Hans Albers, und der blutjunge Horst Buchholz.
»Schwarzwaldmädel«, so hieß 1950 der erste Farbfilm nach dem Krieg. Die neunjährige Christine Kaufmann rührte 1954 als Rosen-Resli das Publikum. Der Heimatfilm, das vielleicht einzige originäre Genre, das der deutsche Film jemals hervorgebracht hat, war Balsam für wundgescheuerte Seelen, ein Spiegel der kollektiven Gefühlslage der 50er Jahre. Kriegsruinen wollte man nicht mehr im Kino sehen, sondern die heile Welt der Natur, die schönen Wälder alpenländischer Bergtäler, den weiten Himmel über der Lüneburger Heide.
Warteschlangen vor den Kinos bildeten sich in den 50ern, wenn einer der drei »Sissi«-Filme mit Romy Schneider und Karlheinz Böhm lief; die Monarchieschnulzen brachten das Märchen von der guten alten Zeit auf die Leinwand, die durch zwei Weltkriege zerbro-

Donnerstag, 8. Juli 1954 DIE WELT Nr. 155 — Seite 7

Theater — Film — Veranstaltungen — Lokale — Reisen

Spielplan der Hamburger Bühnen

Theater	Do. 8. 7.	Fr. 9. 7.	Sbd. 10. 7.	Stg. 11. 7.
Thalia-Theater Ruf 32 19 36	8 Uhr Volksb. Feuerwerk	Ende der Spielzeit		
St.Pauli-Theater Ruf 31 43 02	Täglich 8½ Uhr „Oma ward verkofft" Nur noch kurze Zeit!			
Theat. i. Zimmer Ruf 44 65 39	Täglich 8 Uhr Zu wahr um schön zu sein v. G. B. Shaw			
die kleine komödie Neuer Wall 54/60 Ruf 34 85 61	Täglich 8.45 Uhr Die hellgelben Handschuhe Musik. Lustspiel v. Willi Kollo — Renate Schacht, Ann Höling, Joachim Rake, Peter Ahrweiler			

TRICHTER: Erlesenes Cabaret und die entzückende Mitternachtsmodenschau

Neues Wasserlichtkonzert!
Täglich 15–23 Uhr Konzert - Ab 16 Uhr Tanzmusik - Kinderspielplatz
Alle zwei Stunden Fontänenspiele 22 Uhr Wasserlichtkonzert
Sonderschau »Strom für uns« tägl. 8 – 22 Uhr Eintritt frei
Tip der Woche: Die Kaskaden-Seerosen blühen!
PLANTEN un BLOMEN – immer ein Erlebnis!

Silberkeller Große Allee 1 Pariser Nächte

HAMBURG STEINDAMM 9 AB 21 UHR TEL. 24 36 04
Delhi-Palace
DIE SENSATION AUS PARIS: Trio Pigall's

THEATERKASSE Reisebüro DIE WELT, Hbg. 1, Bergstr. 22 RUF 33 10 01/05

city
Steindamm 9 Tel. 24 24 30
Täglich 13.15 15.45 18.15 20.45 - Vorverkauf ab 11 Uhr
PREMIERE: Freitag, 9. Juli
CinemaScope
GUY MADISON JOAN WELDON JAMES WHITMORE
DIE SIEBENTE NACHT
The Command
Regie: DAVID BUTLER
Ein Farbfilm in WARNER COLOR
Beiprogramm: Ein farbenprächtiger Kulturfilm vom Südsee-Paradies Hawaii erstmalig in Cinemascope

AKTUALITÄTEN-KINO
HAUPTBAHNHOF
Aki ganz sportlich!
Der sensationelle deutsche Fußballtriumph
Interessanter Bericht v. d. nordafr. Hauptstadt: Casablanca
Ein farbiger Kulturfilm: Quer durch Jugoslawien
In Farben: Hula Hula - Romanze
Der großartige Mercedes-Erfolg in Frankreich
Durchlauf. Vorst. 9–24, stgs. 11–24 Uhr. Alle Plätze 0,50 DM. Jgdfr.!

Preiswerte Reisen
in den Südlichen Schwarzwald
Säckingen - Laufenburg - Waldshut - Wehr - Murg - Tiengen - Oflingen - Schopfheim - Kadelburg - Stühlingen
12 Tage ab Hamburg ab DM 146,-
Sonderprospekte und Anmeldung
REISEBÜRO DIE WELT
Hamburg 1 Bergstraße 22 - Ruf: 33 10 01/05
Eisenbahnfahrkarten - Flugtickets - Schiffspassagen

OPERETTENHAUS
an der Reeperbahn, Ruf 42 17 18
Tgl. 20.15 U., sonntags auch 17 Uhr
Der übergroßen Nachfrage wegen verlängert bis 18. Juli
Der gr. Operetten-Erfolg
Schwarzwaldmädel
In großer Besetzung: Bei kleinen Sommerpreisen
nur DM 1,60 bis 6,60

Morgen, Freitag Erstaufführung!
Die Privatsekretärin
GLORIA
„Ich bin ja heut' so glücklich!"
Erinnern Sie sich noch, als einst Renate Müller in dem Film „Die Privatsekretärin" dieses Lied sang? Nun ist dieses unvergeßliche reizende Lustspiel neu verfilmt worden. Die Privatsekretärin, das kleine Mädel nämlich, das so tapfer sein Glück sucht, spielt
Sonja Ziemann
ihre Partner sind
Rudolf Prack
Paul Hörbiger
Werner Fuetterer, u. a.
... dazu die neueste Wochenschau mit dem sensationellen Weltmeisterschaftsspiel Deutschland – Ungarn
Täglich 13.15, 15.45, 18.15, 20.45 Uhr
Die BARKE
Das Filmtheater am Hauptbahnhof
Ruf: 33 83 93

CORSO
Hummelsbütteler Ldstr. 98, 59 90 15
Fr.—Mo.: Tägl. 16.30, 18.45, 21 Uhr
Luise Ullrich in
Eine Frau von heute
mit Curd Jürgens. Stg., 14 Uhr: Tarzan „Geheimnis von Zimbalu"

HARMONIE
Bhf. Wandsb. Chaussee — 28 81 55
Eine Frau von heute
Sbd., 23.15 „Amber"; Stg., 13.30: „Die Feuerspringer von Montana". 16, 18.30, 21 Uhr

Mühlenkamp
Ruf 27 70 47. Ab Fr.: 4, 6.30, 9 U.
Komm zurück
Winnie Markus — Rudolf Prack

GONDEL
U-Bhf. Sierichstr. Ruf 47 07 95
Ab Fr.: 15.30, 18.00, 20.30 Uhr
Danielle Darrieux - Martine Carol
Liebenswerte Frauen
Mit galant. Frivolität u. Paris. Charme werd. hier die gewagt. Dinge gesagt
Sbd. 22.45: „Die ist nicht von gestern"

DIE BLENDE
Fuhlsbüttler Str. 541 - Ruf 59 15 28
Ab Fr. veränd. Anfz. 15, 18 u. 21 U.
Die größte Schau der Welt

DROSSELHOF
Direkt gegenüber Barmbeker Bhf.
Ab Fr. 16, 18.30, 21 U. - Ruf 61 57 52
Gary Cooper in sein. neuen Erfolgst.
Der Vagabund von Texas
mit Loretta Young u. dem weltberühmt. Schlager v. L. Armstrong
Blueberry Hill

HARVESTEHUDER
Eppend. Baum, 481483, tgl. 4, 6.30, 9 U.
Das hohe Lied d. berufstät. Frau m.
Luise Ullrich u. a. in
Eine Frau von heute
Ein Film, der jedem etwas gibt

Honi soit qui mal y pense
Kaiser
Reeperbahn Millerntor

Sonder-Angebot
Persianer-Mantel
von 850,- an.
Nach Maß ohne Aufschlag im Spezialgeschäft auf der Etage.
Pelz-Rommel Hbg. 36, Dammtorstr. 35

ESPLANADE
Theater am Stephansplatz
13.30, 16.00, 18.30, 21.00 Uhr
Sonnt. nur 16.00, 18.30, 21.00
Ab Freitag, 9. Juli
Das filmische THEATEREREIGNIS DIESES SOMMERS:
JULIUS CAESAR
Das zeitlos großartige Drama von WILLIAM SHAKESPEARE dem größten Genius des Theaters. Filmische Inszenierung nach der Übersetzung von Schlegel-Tieck
DER SPITZENFILM der Metro-Goldwyn-Mayer. Ein Monumentalwerk filmischen Schaffens, das in der ganzen Welt Bewunderung und Beifall ausgelöst hat.
Die glanzvolle Besetzung aller Rollen ist eine einzigartige Demonstration großer Schauspielkunst:
MARLON BRANDO ALS MARK ANTONIUS
JAMES MASON ALS BRUTUS
JOHN GIELGUD ALS CASSIUS
LOUIS CALHERN ALS JULIUS CAESAR
EDMOND O'BRIEN ALS CASCA
GREER GARSON ALS CALPURNIA
DEBORAH KERR ALS PORTIA
Regie: JOSEPH MANKIEWICZ
Produktion: JOHN HOUSEMAN
Sonntag, 11. Juli nur vormittags 11 Uhr: Der große franz. Film
Kinder des Olymp
»LES ENFANTS DU PARADIS«
Ungekürzte französische Originalfassung mit deutschem Text
Vorverkauf ab 10 Uhr vorm. Telef. Vorausbestellungen unter 34 79 07 erbeten

SPIELPLAN DER FILMTHEATER

ATLANTIK. Siehe Sonderanzeige!

ATRIUM am Hauptbhf., Lange Reihe 29. Ruf 24 36 97. Ab Fr.: „Komm' zurück ..." m. Winnie Markus, Rudolf Prack. Tägl. 12, 14, 16.15, 18.30, 20.45 Uhr, stgs. ab 14 Uhr. Stg., 11 Uhr Jugdv.: „Seine Tochter ist der Peter"

BAHRENFELDER Lsp., Bahrenf. Ch. 57. 89 49 35. Fr.-Mo.: Der köstl. Filmschwank „Der Ehestreik". 15.30, 18, 20.30 Uhr. Stg., 11 U. „Brennende Grenze".

BELLE-KINO, Sternbrücke. Tel. 43 64 03. Tgl. 3, 5.45, 8.30 U. Ab Fr.: „Liebenswerte Frauen?" Fr. 22.30 Uhr: „Abenteuer auf Sizilien". Sbd. 23 Uhr: „Schritte in der Nacht". Stg. 11 Uhr: „Gangster, Liebe und Artisten".

CAMERA, Steindamm 43, Ruf 24 57 00. Tägl. 11.30, 13.30, 16, 18.30, 20.45 Uhr. Erstauff. ab Fr.: „Verschwörung auf Fort Clark". Frbf. m. Maureen O'Hara.

DELI, Horn, Bauerberg 20. 29 45 89. Täglich 15.30, 18, 20.30 Uhr. Ab Fr.: „Weg ohne Umkehr".

Neues ELITE, Friedensallee 262. 42 92 27. Täglich 16, 18.30, 20.45 Uhr. Ab Fr.: Hamburger Erstaufführung „Verschwörung auf „Fort Clark". Farbfilm.

EUROPA-Palast, Jarrestr. 45. 27 78 43. 16, 18.30, 21 U. Fr.–Mo.: Eva Bartok, Curd Jürgens „Meines Vaters Pferde". 1. Teil, Jgfrei! Sbd. 23.15 Uhr (1,05): „Jazz-Cocktail", 2. Teil, mit Duke Ellington u. a. Stg. 13.30 Uhr, Jbgdv. (—,50): „Meuterei am Schlangenfluß", Farbfilm mit James Stewart.

FILMBURG Wbg. 38 71 37. 18 u. 20.30. Fr.–Mo.: „Der König der Wildnis".

FILMTH. BORSTELER JÄGER. 58 22 75. „Der treue Husar.

FLORA am Schulterblatt. 43 44 46. 3.45, 6.15, 8.45 U. Ab Fr. „Die tolle Lola" m. W. Albach-Retty, Walter Giller, Grethe Weiser, R. Platte u. v. a. Sbd. 23.15 U.: „Ehebruch" m. Ann Sheridan. Stg. 13.45 U.: „Der Dieb von Venedig" (—,50).

FLOTTBEKER Lsp., 89 45 71. Täglich 16, 18.30, 21 U. Ab Fr.: „Madame de ..." mit Etchika Choureau, Danielle Darrieux, Charles Boyer. Stg. 14 U. f. d. Jug.: „Montana" mit Errol Flynn.

FORUM, Hamm, Carl-Petersen-Str. 45. 25 56 89. Fr.–Mo.: „Alles für Papa". Sbd. 23.15: „Eva". Stg. 11 u. 13.30: „Tarzan und d. Sklavenmädchen".

HANSEN-Lichtspiele, Schulterblatt 49. Ruf 43 6173. Ab Fr.: Erstaufführung in Hamburg: „Das Haus an der Küste" (siehe Sonderanzeige). Sbd., 23 Uhr: „Auf Wiedersehen, Franziska".

HOLI am U-Bahnhof Hoheluft. 45 30 40. 16, 18.30, 21 U. Ab Fr.: Erstaufführg.! „Meine Lieblingsfrau". Sbd. 23.15 U.: Vivien Leigh, Marlon Brando „Endstation Sehnsucht" „A Streetcar Named Desire"), 1,05. Stg. 11 u. 14 U.: „Die Dschungelgöttin" (—,50).

JALOUSIE, Barmbeker Straße 79. Ruf 47 62 29. Täglich 16, 18.30, 21 Uhr. Ab Fr.: „Alles für Papa".

KINO-PALAST, Altona, Thedestr. 68 (Bürgerstraße), 42 99 44. Linie 6, 7, 27. Ab Fr.: „Das Haus an der Küste" (siehe Sonderanzeige).

LANDHAUS-Lsp., Großflottbek, Kreisstraße 1, Tel. 89 50 80. Tägl. 16, 18.30 und 20.45 Uhr. Ab Fr.: „Eine Frau von heute". Stg., 14 Uhr, Jugd.- und Fam.-Vorstellung: „Heidi".

LICHTBURG ISERBROOK. Ruf 86 10 18. 15.30, 18, 20.30 Uhr. Fr.–Mo.: „Untergang der Titanic". Jgfrei! Sbd. 22.45 Uhr: „Der Tiger". Stg. 13 Uhr: „Die Burg der Rache".

LILIENCRON-TH., Großflottb., Beselerstraße 21. 89 50 05. Täglich 16, 18.30, 20.45 Uhr. Ab Fr.: „Weißer Herrscher über Tonga" m. Burt Lancaster, Farbf. Stg. 14 Uhr Fam.-Vorstellung: „Im Dutzend heiratsfähig".

METROPOL, Altona, Holländ. Reihe 50. 42 55 55. Ab Fr. 16, 18.30, 21 Farbfilm Cinemascope „Wie angelt man sich einen Millionär?" Sbd. 23.15: „Flucht vor dem Tode". Stg. 11 Uhr: „Unter schwarzer Flagge".

MUNDSBURG. Tel. 23 04 42. Fr.–Mo.: „Komm zurück ...". Tägl. 15.30, 18, 20.30 Uhr. Jugfrei ab 10 J.

NIENSTEDTENER Lsp. 82 76 64. Fr.-Mo.: „Musik bei Nacht". 3.30, 6, 8.30 U. Sbd., Spätv.: „Glocken um Mitternacht". Stg., 11 u. 1 Uhr: Jugdv.

OLYMPIA, Bachstr. 72. Tägl. 4, 6.30, 9 Uhr: „Verschwörung auf Fort Clark"

OSDORFER Lsp., 82 73 76. Fr.–Mo.: „Ferien vom Ich". 18 u. 20.30 Uhr.

OTTENSENER Lsp., Altona, Ottenser Hauptstraße 39. Ruf 42 23 71. Ab Fr.: Luise Ullrich, Curd Jürgens in „Eine Frau von heute". 4, 6.30, 8.45 Uhr. Stg., 11: „Zorros Geisterreiter".

RADIANT, Reeperbahn. 31 48 33. Tägl. 13.30, 16, 18.30, 21 Uhr. Erstaufführg.: „Im Zeichen der Verschwörer".

REGINA, Blankenese. 86 11 57. Fr.-Mo.: Luise Ullrich u. Curd Jürgens in „Eine Frau von heute". 15.30, 18, 20.30. Sbd., 22.45: „Captain Boykott". Stg., 11: „Der rote Falke von Bagdad"

REICHSTHEATER, Eimsb. Marktplatz. 44 04 77. 16, 18.30, 20.45 U. Fr.–Mo.: John Wayne in d. Großfarbf. „Teufelshauptmann". Jgdfrei! Sbd., 23 Uhr: „Fantomas". Stg., 14 U., Jgdv. (0,50): „Die Letzten von Fort Gamble".

RONDEEL, am Bahnhof Friedrichsberg. 28 13 73. Täglich 16, 18.30, 20.45 Uhr. Fr.–Mo.: Paul Hörbiger, Loni Heuser in: „Der treue Husar". 16, 18.30, 20.45.

ROXY, Eppend. Landstr. 41 — 48 12 89. Fr.-Mo.: Täglich 15.45, 18.15, 20.45 U. „Ungarische Rhapsodie", Paul Hubschmid, Michel Simon. Ein Film um die große Liebe von Franz Liszt. Sbd. 23 U.: „Haus in der 92. Straße" 1,05). Fam.-Vorst. Stg. 11.30, 13.30: „Goldfieber in Alaska" (0,50)

ROXY, Fuhlsbüttler- Ecke Hufnerstr. 61 66 62. Fr.—Mo.: 16, 18.30, 21 Uhr „Eine Frau von Heute" m. Luise Ullrich, Curd Jürgens. Sbd. 23.15 (1.05) „M" Der große Kriminalfilm. Fam.-Vorst. (0.50) Stg. 11.30: Der Flaschenteufel". Stg. 13.30: „Der Rächer von Casamare".

ROXY, Osterstr. 109/113, Tel. 45 73 49. Fr.–Mo.: Täglich 16, 18.30, 21 Uhr. „Liebenswerte Frauen?" Überall Rekord-Laufzeiten: London 19, Paris 15, Zürich 16, Stockholm 9 Wochen. Fam.-Vorst. (0,50): Std. 11.30 „Die 7 Raben". Stg. 13.30 Uhr: „Bwana der Teufel".

ROXY, Osterstr. 109/113, Tel. 45 73 49. Ab Dienstag, 13. Juli, im Bezirk Eimsbüttel nur im Roxy „Fußball-Weltmeisterschaft 1954". Ein programmfüllender Film um Kampf und Sieg der deutschen Elf.

SCHAUBURG Rahlstedt. Ruf 27 28 31. Fr.-Mo.: René Deltgen, Ruth Niehaus, Ivan Desny in: „Weg ohne Umkehr". Ausgezeichnet mit den Bundesfilmpreisen. Jgdfr. üb. 10 J. 17.45 u. 20.15, Stg., Mo. auch 15.15. Stg., 13.15: „Robin Hoods Vergeltung".

SCHAUBURG Uhlenhorst, Winterhuder Weg 112. 22 27 41. Fr.–Mo.: „Rom-Station Termini" mit Jennifer Jones, Montgomery Clift. 15.30, 18, 20.30. Sbd. 22.45: „Rauschgift an Bord". Stg. 13.30: „Lachende Leinwand" (Walt-Disney-Farbfilme).

studio 1, 24 31 77. „Hamlet" mit Laurence Olivier und Jean Simmons.

THALIA-Lsp., Grindelallee 116. 45 68 31. Fr.–Mo.: Der große Lustspielschlager „Der Ehestreik". Sbd. 23 Uhr (1,05): „Flucht vor dem Tode". Stg. 13.30 Uhr Jugdv. (0,50): „Meuterei am Schlangenfluß", Farbf. mit James Stewart.

URANIA-Theater, Osterstraße. 45 49 90. Ab Fr.: „Der treue Husar". Täglich 14.15, 16.30, 18.45, 21 Uhr.

VOLKSDORFER Lichtsp. Ruf 62 42 30. Fr.–Mo.: „Alles für Papa". Stg. 13.45 Uhr: „Schüsse in New-Mexico". Tägl. 16, 18.30, 20.45 Uhr.

Erstaufführung: Freitag, den 9. Juli
René Deltgen - Sybille Schmitz - Nadja Regin

Das HAUS an der KÜSTE
Im Taumel teuflischer Begierde!

ATLANTIK am Hauptbahnhf. 24 24 92 Steindamm 11-16.30 stdl. u. 16.30, 19, 21, Stg. ab 14	HANSEN Lichtsp. Schulterblatt 49 - 43 61 73 3.30, 6, 8.30 Uhr
KINO-PALAST Altona, Thedestr. 68 - 42 99 44 4, 6.30, 8.45 Uhr	SPIEGEL Bahrenfelder Str. 175 - 42 63 66 Täglich 4, 6.30, 8.45 Uhr

Alster Lsp. Alsterd. Str. 62 · Tel. 47 86 68 — Alstertal Fu.-Erdkampsw. · Tel. 59 61 75
Freitag — Montag
Täglich 16, 18.30, 21 Uhr — Tägl. 16, 18.30, 21 Uhr
Die bezaubernde Filmoperette! Herta Staal — Wolf Albach-Retty
„DIE TOLLE LOLA"
mit Grethe Weiser — Paul Dahlke — Walter Giller
Marina Ried — Rudolf Platte — Käthe Haack u. a.
Täglich 15.45, 18.15, 20.45 Uhr — Tägl. 16, 18.30, 21 Uhr
Gloria Palast-Harburg · Tel. 77 52 70 — Scala Fuhlsb. Str. 132 · Tel. 22 21 57

NON-STOP im Dammtor-Theater
Aktualitäten aus aller Welt
Aus den Wochenschauen: Sonnenfinsternis in Groß-Aufnahme. Ministerpräsident Papagos beim Bundeskanzler. - Friede in Guatemala. - Neuer Weltrekord für Motor-Rennboote d. 800-kg-Klasse. Finale in Wimbledon. - Triumph der Silberpfeile beim Großen Preis von Frankreich. - „Kaliber" siegt unter Bollow beim Deutschen Derby.
Und: Die deutsche Nationalelf Weltmeister!
Triumphaler Empfang auf deutschem Boden, Siegerehrung durch Jules Rimet in Bern. - Ferner: 10 Minuten Amerika, 14. Folge. - Ton in des Künstlers Hand, Kulturfilm. Und: Ferdinand, das Tier; farbi. Walt-Disney-Film. - Täglich 9—23, stgs. 11—23 Uhr
Jugendfrei — 50 Pfennig — Eintritt jederzeit
DAMMTORSTRASSE 30 (BEI DER OPER) RUF 34 07 06

Holi
U-Bahn Hoheluftbrücke
Täglich 16, 18.30, 21 U.
Telef. Vorbest. 45 30 40
Ab Freitg. Hamburger Erstaufführung!
Irene Dunne · Cary Grant
Meine Lieblingsfrau

UNION
St. Pauli Spielbudenplatz · 31 42 76
Farbf. Wie angelt man sich einen Millionär?
CinemaScope
13.15, 15.45, 18.15, 20.45, Sbd. u. 23 U.

DIE pikanten JAHRE EINER FRAU
Drei Weltstars in Glanzrollen
Ginger Rogers
bezaubernder, faszinierender denn je
William Holden
Paul Douglas
ERSTAUFFÜHRUNG morgen, Freitag
PASSAGE
Theater Mönckebergstr. 17
11.15, 13.15, 15.45, 18.15, 20.45
stgs. ab 13.15 · Ruf 33 41 38

KURBEL
AM JUNGFERNSTIEG
Gr. Bleichen 9-15, Ruf: 34 43 69
34. WOCHE! 10.30, 15, 19.30
Vom Winde verweht
Letzte Wochen!

KURBEL
BERLINER TOR - Tel. 24 30 79
Tgl. 10, 12, 14, 16.15, 18.30, 20.45
NOBISTOR - Tel. 42 88 77
Tgl. 11.30, 13.30, 16, 18.30, 20.45
Bis Montag verlängert
Randolph Scott
in dem Groß-Farbfilm
Donnernde Hufe
mit Lex Barker
Jugendliche haben Zutritt!

MILLERNTOR
Millerntorplatz — Ruf 31 44 51
Tägl. 11.30, 13.30, 16, 18.30, 20.45
Erstaufführung ab Freitag
Marg. Lockwood, W. Corey, F. Tucker
Anna v. Singapur
nach d. Roman von Joseph Conrad
Sbd. 23 U. Mann d. z. Mörder wurde

CAPITOL
Hoheluftchaussee 52 - Ruf 45 65 41
Nach d. Film „Liebenswerte Frauen" eine weit. frz. Komödie von Rang
Edouard und Caroline
mit Daniel Gélin u. Anne Vernon
Ab Freitag 15.30, 18.00, 20.30 Uhr.

„Alte Mühle" Bergstedt
Bekannt durch romantische Lage und gute Hamburger Küche.
Für Betriebsausfl. besond. geeignet.
S-Bahn Poppenbüttel, Bus Bergstedt
Tel. 60 95 27 / mittwochs geschl.

CASINO TRAVEMÜNDE
SPIELSALE RESTAURANTS
1 Stunde Autobahn

WATERLOO
THEATER · DAMMTORSTRASSE
13.30 16.00 18.30 21.00
Jugendliche (10 bis 16 Jahre) nur 13.30 und 16.00 Uhr
ES HAT GEKLINGELT!
Mit unvermindertem Besucherandrang in die 2. WOCHE!
Ein ehrlich verdienter ganz großer Erfolg
des von der in Hamburg beheimateten Burg-Filmproduktion geschaffenen musikalischen Lustspiels, das mit Schwung, Witz und neuen zündenden Schlagern von Michael Jary ein einziges prächtiges Vergnügen bereitet:
Fräulein vom AMT
Die verzwickten Abenteuer eines von der Muse des Gesanges geküßten süßen Mädels.
Ein Burgfilm im EUROPA Filmverleih mit
Georg Thomalla
Renate Holm
Fita Benkhoff - Harry Meyen - Bully Buhlan
Ruth Stephan · Marina Ried
Ernst Waldow
Jupp Hussels
Musik: Michael Jary
Rufen Sie bitte an: 41 55 zur telef. Übertragung der neuen Schlager von Michael Jary aus „Fräulein vom Amt"
Choreographie: Ernst Matray
Regie: Carl Heinz Schroth
Es spielen: Orch. Kurt Edelhagen Fritz Schulz-Reichel - Es singen: Mona Baptiste Sunshine Quartett Die 3 Peheiros
VORVERKAUF tägl. ab 10 Uhr vormittags Tel. Vorbestellung: 35 44 30

MARIA SCHELL

Das Herz aller Dinge
schuldhafte Liebe wird zum Erlebnis für reife Herzen!
mit TREVOR HOWARD ELIZABETH ALLAN
Regie: George More O'Ferrall
Nach dem gleichnamigen Roman von Graham Greene
Verleih: Deutsche London Film
Erstaufführung ab Freitag, 9. Juli 1954
Täglich 16.00, 18.15, 20.45 Uhr
URANIA
Filmbühne beim Stephansplatz
Vorverkauf tägl. ab 10.00 Uhr vorm. - telef. Vorbestellungen unter 35 51 00

Knopf's St. Pauli
Ruf 31 42 88 Freitag—Montag:
Hannerl Matz - Curd Jürgens
Alles für Papa
Olga Tschechowa — Walter Janssen
Anf. 13, 15.30, 18, 20.30

Kammer LICHTSP. DAMMTOR
Ruf 44 60 26 Freitag—Montag
Eine Frau von heute
Luise Ullrich — Curd Jürgens
Carsta Löck — Anni Rosar
Anf. 16, 18.30, 21

DER
Die schöne Eisenbahnreise

Anmeldung zu allen diesen Reisen bei allen genannten Reisebüros

Reisebüro Lührs Wandsb. Markt Tel. 28 72 45	Wildemann Kl. Tirol d. Oberharzes. Hamburgs beliebt. Harz-Ziel, eine „HUMMEL"-Reise. Jed. Sbd. m. d. „Harzer Roller" 8 Tg. ab DM 86,- all. inkl.
Reiseb. Rahlstedt Bahnhofstr. 6 Tel. 27 17 16	Ferienfreuden in St. Johann, Tirol eine „HUMMEL"-Reise, 9 Tage, ab DM 136,—, alles inkl.
HAPAG-LLOYD Rsb. SAFARI, Jungfernstieg. Tel. 32 10 61/62	AN DIE NORDSEE mit dem „HAPAG-LLOYD-NORDSEE-EXPRESS" nach d. Nordseeinseln Amrum-Föhr-Sylt ab 10.7. jed. Sbd. ab Hbg.
Rsb. Gebr. Schnieder Dammtor- u. Alt. Bhf. 44 50 52 — 42 11 66	Benediktbeuern Der beliebte Ferienort in den Bayerischen Alpen. Jeden Sbd. 8 Tg. ab DM 123,80 - 15 Tg. ab DM 172,60
HAPAG-LLOYD-Rsb. am Hauptbahnhof Tel. 33 59 60	Gr. Spanien-Rundreise die eingeführte „HAPAG-LLOYD-REISE", 11.–30. Sept. u. 2.–21. Okt. 1954. DM 880,–
Menzell-Reisebüro Alter Wall/Mönked. Tel. 34 13 11	Oberwesel am romantischen Mittelrhein, eine schöne „TOUROPA"-Reise. Abfahrt jeden Mittwoch, 8 Tage alles inklusive ab DM 115,—
Rsb. Gebr. Schnieder Dammtor-u. Alt.-Bhf. 44 50 52 — 42 11 66	Konstanz am Bodensee Eine TOUROPA-Reise m. d. mod. „FERN-EXPRESS" (Liegewg.) Jed. Mo. 9 Tg. ab 138,-, 15 Tg. ab 189,-
Reisebüro DIE WELT Bergstraße 22 Tel. 33 10 01/05	Ferien in 1500 m Höhe Loferer Alm Paradies im Salzkammergut „HUMMEL-REISE. Jed. Freit. 9 Tg. ab DM 141,- all. inkl.
Reisebüro DIE WELT Bergstraße 22 Tel. 33 10 01/05	St. Gilgen — das ideale Alpen-Seebad am Wolfgangsee. Eine „HUMMEL REISE" Jed. Freit. 9 Tg. ab 153,-, all. inkl.
HAPAG-LLOYD-Rsb. am Hauptbahnhof Tel. 33 59 60	Italien. Riviera (Bordighera) – eine gepflegte „HAPAG-LLOYD"-Reise 9.–19. Sept. u. 1.–11. Okt. 54 DM 378,–, alles eingeschl.
Reisebüro DIE WELT Bergstraße 22 Tel. 33 10 01/05	Eisenbahn-Fahrkarten. Platzkarten, Bettkarten für alle in- und ausländ. Bahnen zu Originalpreisen
Hermes-Reisebüro Harburg, Moorstr 23 Tel. 77 33 33	Weserbergland 8 schöne „HUMMEL"-Reisen Ziele zw. Hameln u. Münden Abfahrt jeden Sonntag, 8 Tage, von DM 77,— an
Fahrkarten-Ausgaben Hamburg-Hbf. Dammtor u. Altona und Reisebüros	Wochenend in Kopenhagen v. 17.–19. 7. DM 46,— 16.50 ab Hamburg-Hauptbahnhof, komb. Reise m. SM „Dania"/Hamburg-Expreß
	Westerland-Tagesfahrt Sonntag, den 18. 7. DM 13,30 7.08 ab Altona, 10.37 an Westerland, ab Westerland 18.29 Uhr

SCHWEIZ
FÜR GERUHSAME FERIEN

Stark ermäßigte Ferienbillette · Benzinpreis jetzt nur 0.57 Fr. pro Liter · Besonders preisgünstige Pauschalaufenthalte · Auskünfte und Prospekte: Ihr Reisebüro oder Schweizer Verkehrsbureau, Frankfurt am Main, Friedrich-Ebert-Straße 23.

Erich Kästners »Emil und die Detektive« von 1929 wurde 1954 zum vierten Mal verfilmt. Das Remake des s/w-Films von 1931, in Farbe und in der Regie von Robert A. Stemmle, blieb dem Meisterdrehbuch von Billy Wilder treu.

Beide Teile Deutschlands hatten ihr eigenes »Sandmännchen«, auf das die Kinder hüben wie drüben gleichermaßen gerne warteten. Hier die Puppe des 1959 von Regisseur Gerhard Behrendt für den Deutschen Fernsehfunk geschaffenen DDR-Sandmännchens.

chen war. Vereinzelt fanden filmische Abrechnungen mit der jüngsten Vergangenheit statt, etwa Peter Lorres einzige Regiearbeit »Der Verlorene« (1951) oder die beiden Antikriegsfilme »Des Teufels General« (1955) nach Carl Zuckmayers Drama und Bernhard Wickis »Die Brücke« (1959). Georg Dresslers »Die Halbstarken« (1956) steht am Anfang einer Reihe künstlerisch ambitionierter Filme mit zeit- und sozialkritischem Anspruch; Rolf Thieles »Das Mädchen Rosemarie« (1958) und Kurt Hoffmanns »Wir Wunderkinder« (1958) gingen satirisch auf Distanz zur Doppelmoral der bundesdeutschen Gesellschaft der Adenauer-Zeit.

KÖPCKE, LEMBKE, HÖPFNER, GRZIMEK: LAUTER NETTE ONKELS

Unter 4000 westdeutschen Tannenbäumen gab es an Heiligabend 1952 ein öffentlich-rechtliches Geschenk: Am 25. Dezember startete mit Weihnachtsliedern und Grüßen aus aller Welt das reguläre Fernsehprogramm. Das Empfangsgerät war ein luxuriöse Gabe: der legendäre »Starenkasten«, das Philips Tischgerät TD 1410 mit einer Schirmdiagonale von 36 Zentimeter, kostete noch über 1000 DM. Bei einem jährlichen Durchschnittseinkommen von 3800 DM war das beinahe unerschwinglich, außerdem war in der Wiederaufbauphase die Anschaffung anderer Hausratsgegenstände viel wichtiger.
Doch schon zwei Jahre später gab es in der Bundesrepublik immerhin an die 60 000 Fernsehgeräte. Wer kein eigenes besaß, schaute bei Freunden, Verwandten, beim Nachbarn oder in einer Gaststätte. Fernsehen war zu dieser Zeit ein Gemeinschaftserlebnis. Vor den Auslagen der Elektrogeschäfte, in denen ein Fernsehapparat stand, bildeten sich Trauben von Menschen – beispielsweise 1954 beim »Wunder von Bern«, der Übertragung des Endspiels der Fußballweltmeisterschaft, das die deutsche Elf überraschend gewann. Auf dem Wunschzettel von Otto Normalverbraucher stand eine Flimmerkiste ganz oben; Ende der 50er Jahre sollten schon drei Millionen Haushalte damit ausgestattet sein.
Der NWDR strahlte vorerst täglich für zwei Stunden ein Programm aus; dessen Rückgrat bildeten die Nachrichten. Am 26. Dezember 1952 ging um 20.00 Uhr erstmals die »Tagesschau« auf Sendung. Die ARD-»Tagesschau« zum bis heute unverrückten Termin gilt seitdem als die »Mutter aller Nachrichtensendungen«, und der ehemalige Rundfunksprecher Karl-Heinz Köpcke verlieh ihr das Gesicht: »Mister Tagesschau« las die wichtigsten Neuigkeiten von 1959 bis 1987.
Eine neue Qualität des Fernsehens eröffnete sich den Zusehern durch Live-Übertragungen. Die Krönung von Queen Elizabeth II. von England am 2. Juni 1953 war das erste Fernseh- und Hörfunkereignis, das weltweit live übertragen wurde – und zwar elf Stunden lang. Für deutsche Fernsehzuschauer war es die erste Auslandsübertragung überhaupt.
Ab 1957 gab es in Westdeutschland täglich fünf Stunden Programm. Zu dieser Zeit verstanden die Verantwortlichen das Fernsehen noch in erster Linie als Bildungsmedium; aber die Bürger wollten nach einem arbeitsreichen Tag am Abend vor allem »abschalten« und unterhalten werden. Die Brücke zwischen Bildung und Unterhaltung schlug eine Quizsendung: »Was bin ich?« Robert Lembke ließ seine prominenten Gäste von 1955 bis 1989 heiter Berufe raten. In den Kulissen einer Sachsenhausener Äppelwoi-Schenke waren ab Mitte der 50er Jahre alle Publikumslieblinge der Unterhaltungsbranche zu Gast: Wirt im »Blauen Bock« war zunächst Otto Höpfner, 1966 übernahm Heinz Schenk die Rolle des frohsinnigen Gastgebers. »Ein Platz für Tiere«, ebenfalls ein Dauerbrenner der deutschen Fernsehgeschichte, startete 1956 und wurde vom Frankfurter Zoologen Bernhard Grzimek bis 1987 moderiert. Er zeigte nicht nur Filmreportagen über wilde Tiere, sondern brachte auch welche mit ins Studio.

ZWISCHEN FRÜHSTÜCK UND SANDMÄNNCHEN: FERNSEHEN IM OSTEN

Als das Ostfernsehen Mitte der 50er Jahre laufen lernte, war erst ein Drittel des DDR-Territoriums für den Fernsehempfang erschlossen, und es gab nur 13 575 angemeldete Fernsehgeräte; neugierig verfolgten die Menschen auf dem Land das Versuchsfernsehen im Gemeinschaftshaus. Am 3. Januar 1956 begann offiziell der reguläre Sendebetrieb des DFF, zunächst – wie im Westen – nur für wenige Stunden am Tag. Die Aufbauphase des neuen Mediums verlief ähnlich dynamisch wie im Westen: Das Sendevolumen stieg kontinuier-

Der Nestor der DDR-Unterhaltungskunst: Schauspieler, Radiomann und Conférencier Heinz Quermann (1921–2003) rief 1953 im Ostberliner Rundfunk die »Schlagerrevue« ins Leben. Es gab keine Hitparade, die so lange lief, und immer mit dem gleichen Moderator: 36 Jahre lang. Danach machte Quermann im Fernsehen »So lacht der Bär«, die Talente-Parade »Herzklopfen kostenlos«, »Zwischen Frühstück und Gänsebraten« und »Da liegt Musike drin«. Auf dem Foto mit einer für ihn aufgespielten, überdimensionalen AMIGA-Schallplatte.

lich an, am Ende des Jahrzehnts gab es schon 600 000 Fernsehapparate. Im Zeitraum zwischen 1958 und 1963, der durch die Bitterfelder Konferenz und den Mauerbau geprägt war, etablierte sich eine feste Programmstruktur. Dabei gerieten die Fernsehmacher der DDR zunehmend in das Spannungsfeld zwischen dem ideologischen Auftrag, an der Entwicklung einer »sozialistischen Nationalkultur« mitzuwirken, und den Erwartungen der Zuschauer, die schlicht und einfach nur vergnüglich unterhalten werden wollten.

1960 gab es im DDR-Fernsehen wöchentlich durchschnittlich 58 Stunden Sendezeit, etwa ein Viertel davon nahmen informationspolitische Sendungen ein, der Rest verteilte sich auf »Fernsehdramatik« einschließlich Spielfilmen sowie Unterhaltungs- und Sportsendungen. Manche von ihnen haben das Leben ihrer Zuschauer begleitet und erwecken heute nostalgische Gefühle: »Jetzt rasch die Kartoffeln aufsetzen!« Jedes Jahr, von 1957 bis 1991, unterhielten Heinz Quermann und Margot Ebert am ersten Weihnachtstag vormittags mit ihrer Sendung »Zwischen Frühstück und Gänsebraten« die ganze Familie.

Das DDR-Kinderprogramm hatte von Anbeginn einige wunderbare Sendungen zu bieten, zum Beispiel »Bei Professor Flimmrich« (1959–1991) oder »Flax und Krümel« (1955–1970). Am 23. November 1955 nachmittags lief erstmals die Sendung »Meister Nadelöhr erzählt«. Die Rolle des Geschichtenerzählers spielte der damals 25-jährige Eckart Friedrichson; bis 1975 waren in seiner Schneiderstube im Märchenland die Kinder und Jugendlichen der DDR zu Gast und lachten über Pittiplatsch und Schnatterinchen. Für die große Mehrheit der Deutschen in Ost wie West ist der tägliche Gutenachtgruß ihres »Sandmännchens« ein lieb gewonnener Teil der Kindheit; das Sandmännchen des Ostens hat die Wiedervereinigung unbeschadet überlebt und wurde im Zuge der Ostalgie-Welle zu einem begehrten Merchandising-Produkt.

Mit einem funkelnagelneuen Übertragungswagen konnte die 25. Sendung der Berliner Radio-Unterhaltungssendung »Da lacht der Bär« 1956 live im Fernsehen gezeigt werden. Das war die Geburtsstunde des bis 1965 absoluten Publikumslieblings. Die politische Grundidee des Bären war ein geeintes Deutschland – gemäß dem 4. SED-Parteitag (»Deutsche an einen Tisch!«). Nach dem Mauerbau hatte sich das Konzept überholt. Alle innerdeutschen politischen Verwerfungen überstand die weltweit (!) am längsten ausgestrahlte Unterhaltungssendung »Willi Schwabes Rumpelkammer«, die vor allem bei älteren Zuschauern sehr beliebt war: Ab 1955, mittwochs einmal im Monat, bis zur Wiedervereinigung, zog Willi seine rote Samtjacke über, sichtete auf seinem Dachboden Ausschnitte aus alten Tonfilmen und erzählte dazu amüsante Anekdoten.

Quantitativ bildete der Fernsehsport recht schnell einen Programmschwerpunkt: Die erste Außenübertragung einer Sportveranstaltung waren die Boxkämpfe zwischen Spartak Prag und ZSK Vorwärts Berlin im November 1955. Im Mai 1956 übertrug der DFF täglich den Verlauf der IX. Internationalen Friedensfahrt, der »Tour de France des Ostens«, seit Juli desselben Jahres bildeten die Übertragungen der Spiele der Fußball-Oberliga eine eigene Programmschiene. Der Blick ging bald über die Grenzen: Von den XVI. Olympischen Sommerspielen berichtete das Ostfernsehen täglich (»Melbourne meldet…«) und erzielte damit eine beachtliche Breitenwirkung über die innerdeutschen Grenzen hinaus. Die erste sportjournalistische DFF-Sendung hieß »Sport der Woche«, es folgten eine ganze Reihe anderer kurzlebiger Sportformate, denen allen gemeinsam war, dass ihre Moderatoren den Mangel an Filmdokumenten – Filmmaterial war damals noch sehr teuer – mit Tabellen, Standfotos und Studiogästen zu kompensieren suchten.

Unten: Die Sprecher der ARD-Nachrichtensendung »Tagesschau« in den 50er Jahren (von links nach rechts): Manfred Schmidt, Cay Dietrich Voss, Karl-Heinz Köpcke, Martin Thon und Dieter von Sallwitz. »Mr. Tagesschau« Karl-Heinz Köpcke wurde 1964 Chefsprecher und war bis 1987 dabei.

Rechte Seite unten: Als erstes spektakuläres Medienereignis, das die spezifische Leistungsfähigkeit des Fernsehens unter Beweis stellte, gilt die Liveübertragung der Krönungszeremonie von Elizabeth II. am 2. Juni 1953 aus der Londoner Westminster Abbey. Für die Zuseher war die neue Form des »Miterlebens« geradezu ein mentaler Schock.

Rechts: Die »Tagesschau« ging seit dem 26. Dezember 1952 zunächst nur drei Mal in der Woche auf Sendung, und wie das Wetter wird, das erläuterten die Sprecher am Ende der Sendung mit Handzeichnungen auf einer Übersichtskarte.

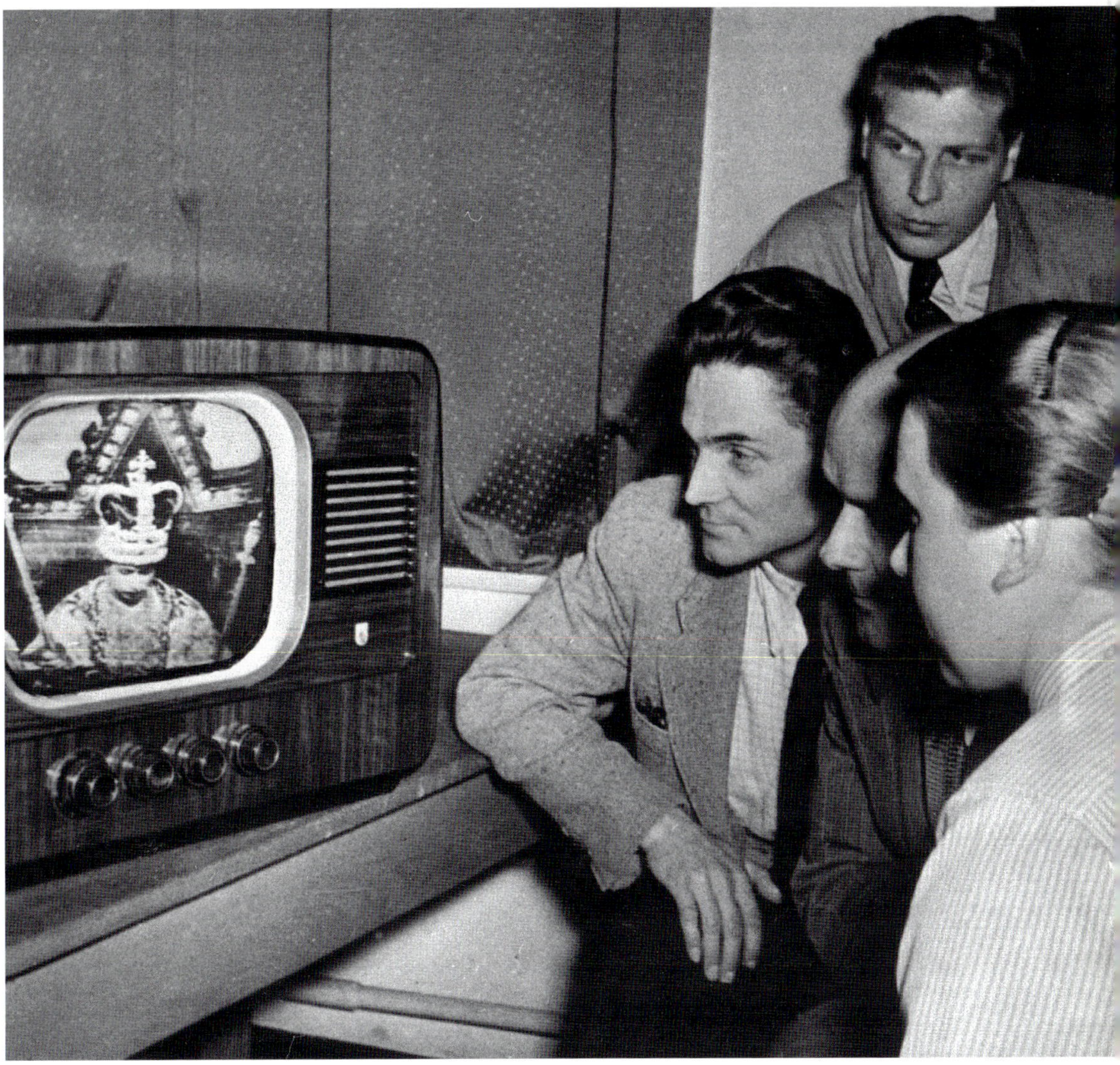

Bis zum bitteren Ende: Gefangene deutsche Soldaten auf dem Weg nach Sibirien ins Lager. Szenenfoto aus »Hunde, wollt ihr ewig leben?« (1959). Der realistische Antikriegsfilm über das Inferno von Stalingrad wurde von Frank Wisbar gedreht und gilt bis heute als Klassiker des Genres.

Mit der Rolle des General Harras in »Des Teufels General« begann die Weltkarriere von Curd Jürgens; der Antikriegsfilm nach dem gleichnamigen Theaterstück von Carl Zuckmayer entstand 1954 unter der Regie von Helmut Käutner.

»Die Brücke« (1959). Bernhard Wickis erschütternder Film handelt von sieben Jungen, die als Hitlers letztes Aufgebot während der letzten Kriegstage eine kleine Brücke gegen die vordringende amerikanische Panzerspitze sichern sollen (links Volker Lechtenbrink).

Rechts: Bernhard Grzimek (1909–1987) und sein »Fliegendes Zebra«. 1959 drehte der Tierarzt und Zoologe gemeinsam mit seinem Sohn Michael (auf dem Reifen sitzend) im afrikanischen Tansania einen seiner bekanntesten Filme »Serengeti darf nicht sterben«, und gewann damit sogar einen Oscar für den besten Dokumentarfilm.

Unten links: Skandal im Wirtschaftswunderland: 1957 wurde die Frankfurter Luxusprostituierte Rosemarie Nitribitt erwürgt in ihrem Wohnzimmer aufgefunden. Den erregenden Kriminalfall verfilmte Rolf Thiele 1958 nach dem Drehbuch von Erich Kuby mit Nadja Tiller in der Hauptrolle.

Unten rechts: Heinz Rühmann spielte 1956 seine Paraderolle: den uniformierten, vorbestraften Schuster Voigt in der Verfilmung von Carl Zuckmayers Tragikomödie »Der Hauptmann von Köpenick«; Regie führte Helmut Käutner.

Unten: Hildegard Knef (1925–2002), der erste weibliche deutsche Nachkriegs-Kinostar, in einer Szene aus »Die Sünderin«. Der Film verstieß gegen gleich mehrere Tabus und sorgte für einen Riesenwirbel: Es kam zu Pro- und Kontra-Demonstrationen, verbarrikadierten Kinos, Aufführungsverboten und Klageverfahren bis hin zum Bundesgerichtshof. Die Knef entzog sich dem Gezeter und spielte lieber in Hollywood-Filmen als Partnerin von Gregory Peck, Karl Malden oder Oskar Werner mit.

Rechte Seite oben: Heile Welt in der Puszta: In dem Spielfilm »Ich denke oft an Piroschka« (1955, Regie Kurt Hoffmann) mit Liselotte Pulver und Gunnar Möller in den Hauptrollen ist ein Lustspielklassiker des Nachkriegskinos.

Rechts unten: Der deutsche Fernsehkoch-Pionier Clemens Wilmenrod hat Feierabend. Der Mann mit dem Oberlippenbärtchen machte die deutschen Hausfrauen in den 50er Jahren mit Spaghetti Napoli und dem legendären Toast Hawai bekannt.

Oben: Mit »Witwer mit 5 Töchtern« (1957) inszenierte Regie-Routinier Erich Engels eine turbulente Familienkomödie voll Wortwitz, Situationskomik und Gefühl. In der Hauptrolle brillierte Kultkomiker Heinz Ehrhardt, an seiner Seite die Filmtöchter (von vorne nach hinten): Elke Aberle, Christine Kaufmann, Angelika Meissner, Vera Tschechowa und Susanne Cramer.

Traumpaare der 50er Jahre:
Rechts: Hansjörg Felmy und Anna Smolik in der deutsch-österreichischen Romanze »Und ewig singen die Wälder« (1959, Regie: Paul May) nach einem Roman des norwegischen Schriftstellers Trygve Gulbranssen.
Rechte Seite: Romy Schneider und Karlheinz Böhm als Sissi und Kaiser Franz Joseph. Der erste »Sissi«-Film (1955) machte die Jungschauspielerin über Nacht zum Star. Nur mit Überredung drehte sie 1956 und 1957 zwei Fortsetzungsfilme, doch die Rekordgage von einer Million DM für Teil 4 schlug Romy Schneider aus. Mit dieser Entscheidung ging die damals 20-Jährige in die Geschichte des Films ein.

60er Jahre

Das Fernsehen dreht auf und: der neue deutsche Film

Zum Abschalten einfach einschalten

Pierre Brice ist Winnetou. Von 1962 bis 1968 spielte der französische Filmschauspieler in elf Filmen »frei nach May« den edlen Indianerhäuptling. Sein Filmtod in »Winnetou 3« (1965) löste bei den Fans eine derart heftige Protestwelle aus, dass der Produzent sofort mit den Dreharbeiten zu »Old Surehand« begann. Mit dabei: Pierre Brice als Winnetou.

»Lächeln ist das Kleingeld des Glücks.«

HEINZ RÜHMANN

Vizekanzler Willy Brandt ist am Drücker: Beim Start des Farbfernsehprogramms am 25. August 1967 auf der Berliner Funkausstellung kam es zu einer witzigen Regiepanne.

Hüben wie drüben: Das Fernsehen, mit einer durchschnittlichen Sendedauer von zwölf Stunden am Tag, war zu einem Massenmedium geworden; Mitte der 60er Jahre flimmerten im Westen zehn und im Osten vier Millionen Geräte. Vor dem Fernseher zu sitzen wurde die liebste Freizeitbeschäftigung aller Deutschen, und das Programm des Vorabends zum Gesprächsthema tags drauf. Die technisch kostspielige Einführung des Farbfernsehens, 1967 im Westen, 1969 im Osten, wurde heiß diskutiert, und bis die neuen Geräte auch wirklich Einzug in die deutschen Wohnzimmer hielten, vergingen noch ein paar Jahre.

DAS »ADENAUER-FERNSEHEN«

Bis zum 1. April 1963 gab es im Westen nur ein Gemeinschaftsprogramm, die ARD, deren Länderanstalten unter dem Einfluss der jeweiligen Landesregierungen standen. Das war nicht überall die CDU, und die vermeintlich »linksorientierte« Berichterstattung der ARD war dem Kanzler ein Dorn im Auge. Der »Alte« fasste den Plan eines zweiten deutschen Fernsehens. Das Projekt unter dem Titel »Deutschland-Fernsehen« sollte ein werbefinanzierter Unterhaltungssender sein. Die Kulturhoheit lag jedoch bei den Ländern, und deshalb hatte eine Verfassungsklage gegen das Vorhaben Erfolg. Der Bund musste sich zurückziehen, und die Länder beschlossen die Errichtung des Zweiten Deutschen Fernsehens (ZDF). Ab 1964 boten die ARD-Sender dann zusätzlich regionale dritte Programme an, als Erster legte verantwortungsbewusst mit einem Studienprogramm der Bayerische Rundfunk (BR) los.

PROPAGANDA UND UNTERHALTUNG

Zwischen Ost und West begann's nach dem Mauerbau zu funken: Die heftigsten Attacken ritt Karl-Eduard von Schnitzler in seinen insgesamt 1519 Sendungen »Der schwarze Kanal« (1960 bis zum 30. Oktober 1989). Der schwarze Kanal, damit war in der diffamierenden Sprache von Schnitzlers das Fernsehprogramm des Klassenfeindes gemeint, das westdeutsche Fernsehen also, dem das Ost-Magazin – »als Kläranlage gewissermaßen« – die Maske der politischen Lüge herunterreißen wollte. Zuvor hatte schon Thilo Koch in der ARD-Reihe »Die rote Optik« anhand von Sendungsausschnitten versucht, die DDR-Fernsehpropaganda zu entlarven. In Gerhard Löwenthal, engagierter Antikommunist und scharfer Kritiker des SED-Regimes, fand von Schnitzler einen ebenbürtigen Kontrahenten. Dessen »ZDF-Magazin« beschäftigte sich mit Menschenrechtsverletzungen in der DDR und lief von 1969 bis 1987. Dabei interessierten sich vermutlich mehr Fernsehzuschauer im Westen für den politischen Schlagabtausch als im Osten. In den neuen Sendestudios in Rostock und Halle wurde regelmäßig die Hafenbar-Musiksendung »Klock 8 achtern Strom« aufgezeichnet oder spielte das »Fernsehtheater Moritzburg«: das war zwar ein stets ausgebuchtes Brigade-Ausflugsziel, jedoch ein Publikumsmagnet wie seine Vorbilder im Westen, das Millowitsch- und Ohnsorg-Theater, wurde es nie. 1964 lief erfolgreich die Überraschungsshow »Mit dem Herzen dabei«, oder zwischen 1968 bis 1985

Heinz Rühmann mit Ehefrau Hertha Feiler und Sohn Peter

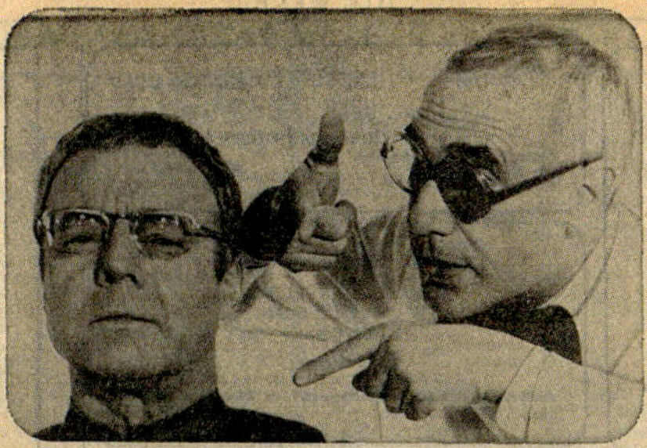

Heinz Rühmann in „Die Ente klingelt um ½8"

...als „Hauptmann von Köpenick"

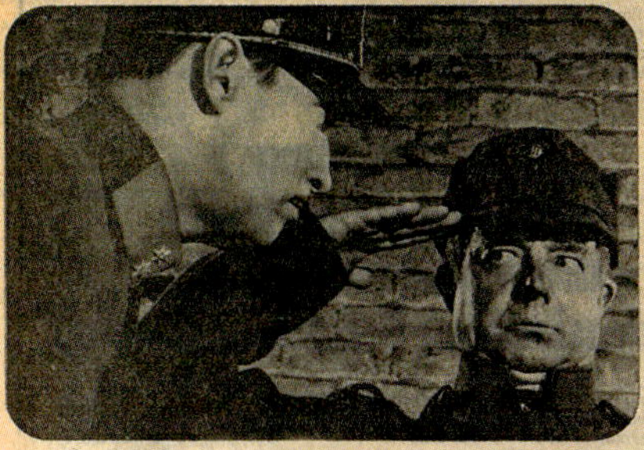

...als „Schwejk"

...als „Pater Brown"

...in „Der Tod des Handlungsreisenden"

Heinz Rühmann erzählt sein Leben

Viel wurde über ihn geschrieben. Jetzt schreibt Heinz Rühmann über Heinz Rühmann. Und das läßt einiges erwarten. Denn es gibt niemand, der mehr über Heinz Rühmann weiß als er selbst.

Hotelier sollte er werden – aber er wollte zum Theater. Als jugendlicher Liebhaber. Und fliegen wollte der Schüler Heinz Rühmann auch. Mit einem Fallschirmabsprung wollte er seine Fliegerkarriere beginnen. Warum der geplante Sturz in die Tiefe mitten in Essen nicht zu einem Verhängnis wurde, erzählt er Ihnen selbst.

Aus heiterem Himmel kam das erste Engagement nach Breslau. Warum aber das erste Auftreten nicht stattfand, wie alle Hoffnungen des jungen Schauspielers durch ein rätselhaftes Geschehen zerstört wurden – Heinz Rühmann erinnert sich noch gut daran.

In München, bei Hermine Körner, begann seine Karriere. Aber erst, als er nach Berlin kam, erfüllten sich seine Träume. Große Rollen neben berühmten Kollegen – in seinem Bericht ziehen sie vorüber: Von Werner Krauss bis zu Marlene Dietrich.

In Berlin begann auch sein Filmruhm: „Die Drei von der Tankstelle" mit Lilian Harvey, Willy Fritsch und Oskar Karlweis. „Bomben auf Monte Carlo" mit Hans Albers. Oder „Quax, der Bruchpilot" und natürlich „Die Feuerzangenbowle".

In Berlin lernte er auch Ernst Udet kennen – und wurde sein Freund. Wie es dazu kam, daß diese Freundschaft so abrupt endete – Heinz Rühmann kann es bis heute nicht vergessen.

In Berlin heiratete er Hertha Feiler. Er kaufte ein Haus am Wannsee, hatte Freunde und immer wieder rauschende Erfolge. Warum dennoch die Berliner Jahre nicht die glücklichsten waren – er wird es Ihnen erzählen.

Nach dem Krieg war es mit dem Erfolg erstmal vorbei. Sieben Jahre hatte er nur einen regelmäßigen Besucher. Warum dieser Besucher gerade der Gerichtsvollzieher war – auch das erfahren Sie von Heinz Rühmann.

Aber der Erfolg stellte sich wieder ein. Die neuen Filme wurden Kassenschlager. In „Das Haus in Montevideo", „Charleys Tante", „Der Hauptmann von Köpenick" und „Der brave Soldat Schwejk" feierte er Triumphe. Und immer war er der freundliche „kleine Mann" mit dem guten Herzen, der Millionen zum Lachen brachte. Daß er dann plötzlich auch Rollen spielte, die nicht in dieses Bild paßten, kam für viele überraschend. Warum für ihn sein Erfolg in „Warten auf Godot" oder im „Tod des Handlungsreisenden" keineswegs überraschend kam – auch das erzählt Ihnen Heinz Rühmann selbst – exklusiv in WELT am SONNTAG.

Lernen Sie Heinz Rühmann durch Heinz Rühmann kennen. Lesen Sie den Bericht seines Lebens, dem er selbst den Titel gab: „Nur ein Komödiant".

Heinz Rühmann als „Kommissar Maigret"

Ab Sonntag exklusiv in WELT am SONNTAG

AKTUELLE SONNTAGSZEITUNG FÜR DEUTSCHLAND

»Da liegt Musike drin«, mit dem Bass Reiner Süß als Gastgeber. Das im Westen florierende TV-Rezept der Mehrteiler fand mit DEFA-Produktionen wie »Gewissen in Aufruhr«, »Ich – Axel Caesar Springer«, »Wege übers Land« oder der beliebten Klassenkampfserie »Krupp und Krause« eine Entsprechung.
Was die Emanzipation der Frau betrifft, so hielt sich die DDR zu Recht einiges darauf zugute: Annerose Neumann war 1967 nicht nur die erste Nachrichtenfrau im DFF, sondern im deutschen Fernsehen überhaupt.
Fast 15 Prozent des Gesamtprogramms nahm der Sport ein, und nicht nur Reporterlegende Heinz Florian Oertel, 17 Mal zum Fernsehliebling der DDR gekürt, kannte das regionale, nationale wie internationale Sportgeschehen aus dem Effeff. »Sport und Musik«, »Sport-Stafette«, »Sport am Wochenende«, »Sportmeridiane«, »Sport Mix«, »Ein Wort zum Sport« und »24 Stunden danach« hießen die einschlägigen Fernsehsendungen, die allein Ende der 50er/Anfang der 60er Jahre an den Start gingen. 1965 etablierte sich als Standardsendung »Sport aktuell«, das dann für 27 Jahre einen festen Sendeplatz im DDR-Programm einnahm.

EIN LAND SUCHT DEN MÖRDER

Anfang der 60er ging es so richtig los, mit Schützenhilfe des britischen Krimiautors Francis Durbridge. Der verfasste die Drehbücher zu Serien, die als Straßenfeger in die deutsche Fernsehgeschichte eingegangen sind. Den Deutschen lief der kalte Schauer über den Rücken: 90 Prozent aller Gebührenzahler saßen vor dem Bildschirm, wenn »Das Halstuch«, »Tim Frazer«, »Melissa« oder »Der Andere« lief, eine Quote, die niemals wieder erreicht werden sollte und aufgrund der veränderten Fernsehlandschaft wohl auch nie wieder erreicht werden wird. Als der Kabarettist Wolfgang Neuss 1962 über eine Zeitung den Namen des Mörders vor dem Ausstrahlungstermin ausplauderte, kochte die Volksseele, und der Unvorsichtige wurde gar als »Vaterlandsverräter« beschimpft.
»Ohne Krimi geht die Mimi nie ins Bett« sang Bill Ramsey 1962 – und lag damit nicht falsch: Krimiserienplätze wurden zu fixen Einrichtungen im Programm. In 97 Episoden spielte Erik Ode bis 1976 den bedächtigen Kommissar Keller (»Der Kommissar«); die 23 Folgen der Krimi- und Agentenserie »Die Fünfte Kolonne« (1963 bis 1968) passten spiegelbildlich haargenau zur DDR-Reihe »Blaulicht«, wo das Böse auch nur aus dem anderen deutschen Staat kam; das »Kriminalmuseum« lief in 42 Folgen, und Jürgen Rolands »Stahlnetz« in 22. Damit nicht genug. US-amerikanische und englische Krimiserien eroberten in diesem Jahrzehnt mit Tempo und Witz das deutsche Fernsehpublikum: 61 Mal lief die Detektivserie »77 Sunset Strip«, in über 100 Folgen war der unschuldige Arzt »Dr. Kimble« vor der Polizei auf der Flucht, ab 1966 schwärmten alle für die Kultserie »Mit Schirm, Charme und Melone« und 1968 kam noch die Agentenparodie »Tennis-Schläger und Kanonen« dazu.

SERIENHELDINNEN (NICHT NUR) DES ALLTAGS

In ein ganz besonders enges Nahverhältnis traten die Deutschen zu den Figuren der damaligen Familienserien: Leid und Freud in der kleinen Welt der hessischen »Hesselbachs« wurden von 80 Prozent der Deutschen mitverfolgt – »Mir habbe gemeint, des sin' so Leut wie Sie und ich« –, und Inge Meysel wurde als Käthe Scholz zur »Mutter der Nation« (»Die Unverbesserlichen«). Stets lautete die tröstliche Botschaft: Wenn es auch Probleme gibt, immer schön optimistisch bleiben!
»Was heute noch wie ein Märchen klingt, kann morgen Wirklichkeit sein«: Claus Biederstaedt sprach melodramatisch den Vorspann zur »Raumpatrouille«, und die Deutschen blickten gespannt in die Zukunft: Dietmar Schönherr als Commander des Schnellen Raumkreuzers »Orion«, und Eva Pflug als Leutnant des Galaktischen Sicherheitsdienstes Tamara Jagellovsk spielten in der ersten deutschen Science-Fiction-Serie die Hauptrollen. Während die Russen und Amerikaner, die 1961 ihre ersten Raumfahrer ins Weltall geschossen hatten, sich gegenseitig mit Wostoks, Mercurys, Lunas und Apollos übertrumpften, griffen die Effektspezialisten der Bavaria-Film tief in ihre Trickkiste: neben futuristischen Designermöbeln wurden auch Bleistiftspitzer, EDV-Lochkarten, Garnrollen und Wasserhähne extraterrestrisch zweckentfremdet.
Zwischen 1967 und 1997 »rauchten« die »Colts«: der Marshal von Dodge City ist die Hauptfigur der langlebigsten US-Westernserie aller Zeiten. Um auch mitzubekommen, was sich auf der Sherman-Ranch tat (»Am Fuß der

Die US-Western-Serie »Bonanza« mit Familie Cartwright lief von 1962 bis 1973 in 430 Folgen im deutschen Fernsehen. Von rechts: Michael Landon als »Little Joe«, Lorne Greene als Familienoberhaupt »Ben«, Dan Blocker als »Hoss« und Mitch Vogel als »Jamie Hunter«.

Ein epochales Roadmovie: »Easy Rider« (1969). Dennis Hopper (links), Peter Fonda (Mitte) und Jack Nicholson (rechts) unterwegs »auf der Suche nach Amerika«. Wie kaum ein anderer spiegelt der Kultfilm das Lebensgefühl der rebellischen Rockgeneration der späten 60er Jahre wieder; Steppenwolfs Hit »Born to be Wild« wurde zur »Motorradfahrer-Hymne«.

blauen Berge«), auf der »Shiloh Ranch« oder auf der »High Chapparal«-Ranch, schalteten die deutschen Zuschauer regelmäßig ihren Fernsehapparat an. Die vier Cartwrights aus »Bonanza« waren aber am beliebtesten, obwohl die ARD 1963 nach wenigen Folgen die Serie wegen »zu großer Brutalität« einstellte. Das ZDF nahm sich vier Jahre später der verwaisten Cowboys an und zeigte bis 1981 über 400 Episoden. Wer könnte nicht auf Anhieb die Titelmelodie intonieren!

KLASSIKER DER FERNSEHUNTERHALTUNG

Die Showmaster der Zeit hießen Peter Frankenfeld, »Mister Wunnebar« Lou van Burg, Vico Torriani, Camillo Felgen, Rudi Carrell und Hans-Joachim Kulenkampff. »Kuli«, wie er liebevoll von seinen Anhängern genannt wurde, schrieb sich mit der Samstag-Unterhaltungsshow »Einer wird gewinnen« in die Annalen des Fernsehens ein – und er machte unterschwellig Stimmung für ein geeintes Europa: Acht Kandidaten aus verschiedenen europäischen Ländern traten in 82 Ausgaben von EWG gegeneinander an, und wurden vom schlagfertigen, doch stets charmanten Showmaster nach und nach hinauskomplimentiert. Unvergessen ist auch die Sketch-Sendung »Cartoon« von dem Autor, Zeichner und Filmemacher Vicco von Bülow. Mit ihr schlug 1967 die Geburtsstunde des Traumduos Loriot und Evelyn Hamann, und unsterblicher Figuren wie des Lottomillionärs Lindemann, des knollennasigen Herrn Müller-Lüdenscheid oder des Ehepaars Hoppenstedt.
Und was sahen damals die Kinder? Bei ihnen hatten »Lassie«, »Rin Tin Tin«, »Fury« und »Flipper« ihren festen TV-Platz als wahre Freunde und Beschützer. Doch die Fernsehlieblinge kamen nicht nur über den großen Teich: Fernsehproduktionen wie »Jim Knopf« machten die Augsburger Puppenkiste bundesweit bekannt, und Astrid Lindgrens Erfolgsbücher, etwa die Abenteuer der »Kinder aus Bullerbü« oder des Meisterdetektivs Kalle Blomquist wurden zu Serien für den Bildschirm verarbeitet.

EIN NEUES KINO BRAUCHT DAS LAND

Die Pleite der UFA AG 1962 war nur die Spitze des Eisberges. Trotz schwunghaft produzierter Winnetou- und Wallace-Streifen, trotz Lümmel-, Pauker- und Oswald Kolles Aufklärungsfilmen starben die Kinos. Die Deutschen hockten lieber vor der Glotze. Und das, obwohl das große Hollywood-Kino mit spektakulären CinemaScope-Epen in 70-mm-Technik und mit Sechskanalton für Aufsehen sorgte: Für die neue Breitleinwand, auf der »Doktor Schiwago«, »Cleopatra« oder »Lawrence von Arabien« gezeigt werden konnten, mussten in manchem Kino die Logen vorne links und rechts weggerissen werden. Die Filme brachen alle Besucherrekorde, aber der Hype hielt nicht lange. Und auf dem Lande draußen starben die kleinen, alten Lichtspielhäuser nach und nach.
»Der brave Soldat Schwejk« mit Heinz Rühmann in der Hauptrolle erhielt 1961 einen Golden Globe, aber die jüngere deutsche Regie-Generation wollte ein eigenes Erzählkino, das den Massengeschmack erst gar nicht suchte: Im Oberhausener Manifest erklärten 26 Filmemacher, unter ihnen Alexander Kluge, Edgar Reitz und Peter Schamoni: »Papas Kino ist tot«. Volker Schlöndorff erregte Aufsehen mit seinem Filmdebüt, der Musil-Verfilmung »Der junge Törless« (1966), und 1969 Rainer Werner Fassbinder mit »Katzelmacher«. Zeitgleich lief May Spils' »Zur Sache, Schätzchen« mit Uschi Glas in den Kinos, für manche hat die locker verspielte Komödie bis heute das Lebensgefühl der 68er eingefangen.
In der DDR produzierte nur die staatliche DEFA, und dennoch kam es nicht selten vor, dass Filme, die sich kritisch mit dem DDR-Alltag beschäftigten, von der Parteiführung aus dem Verleih genommen wurden, etwa »Spur der Steine« von Frank Beyer. Dieses Werk, mit Manfred Krug in der Hauptrolle, gehörte zu jener Jahresproduktion von Gegenwartsfilmen, die in einem rabiaten Kahlschlag nach dem 11. Plenum des ZK der SED 1965 fast komplett verboten wurden. Dabei war Beyer zwei Jahre zuvor mit der Verfilmung der KZ-Erinnerungen Bruno Apitz' »Nackt unter Wölfen« mit dem Nationalpreis der DDR ausgezeichnet worden und hatte beim Moskauer Filmfestival den silbernen Regiepreis entgegengenommen. Ein Zeitdokument der deutsch-deutschen Wirklichkeit ist Konrad Wolfs neorealistischer Film »Der geteilte Himmel« (1964), nach der gleichnamigen Erzählung von Christa Wolf.

Rechts: »Schwer gefummelt« haben Werner Enke und Uschi Glas 1968 in »Zur Sache, Schätzchen«; Regie bei der Schwabinger Filmkomödie, die einen wichtigen Punkt in der Geschichte des »Jungen Deutschen Films« markiert, führte May Spils. Zwei Jahre später war der Zeitgeist schon andere Wege gegangen: Die Fortsetzung »Nicht fummeln, Liebling« brachte an den Kinokassen nicht mehr den gewünschten Erfolg.

Rechts: Maximilian Schell wird 1962 für seine Rolle als »Hans Rolfe« in Stanley Kramers Film »Das Urteil von Nürnberg« mit einem Oscar für den besten Hauptdarsteller ausgezeichnet. Hollywood-Schauspielerin Joan Crawford überreicht ihm den Preis.

Oben: Die Besatzung der »Raumpatrouille Orion« (1966): Wolfgang Völz (links), Dietmar Schönherr (Mitte), Eva Pflug und Claus Holm. Die sieben Episoden der Schwarz-Weiß-Fernsehserie haben seit ihrer Erstausstrahlung in der ARD Kultcharakter und wurden mehrfach auf allen Kanälen wiederholt.

Rechts: »Was bin ich?«-Rateonkel Robert Lembke mit »Jacky«. Der Foxl bewachte bis 1968 die 5-Mark-Stücke im »Glücksschweinderl«, die von den Kandidaten des »heiteren Beruferatens« gewonnen wurden. Danach kam Lembke – über 20 Jahre lang – ohne Maskottchen ins Studio; nach dem Tod des Quizmasters 1989 wurde die langlebigste Rateshow des deutschen Fernsehens eingestellt.

Linke Seite: Der wohl populärste TV-Star der Gründerjahre des Fernsehens. Quizmaster Hans-Joachim Kulenkampff beendet eine seiner großen Samstagabendshows »Einer wird gewinnen« (EWG). »Butler« Martin Jente hält schon Schal und Mantel für den Abgang bereit, und dazu ein paar bissige Bemerkungen über den Ablauf der Sendung.

Oben: »Doktor Schiwago« (1965). Große Gefühle und ein pathetisches Bilderbuch-Russland brachte Regisseur David Lean in der Verfilmung des gleichnamigen Romans von Boris Pasternak auf die Leinwand; hier eine Liebesszene mit Lara (Julie Christie) und Jurij Zhivago (Omar Sharif). Der größte Kassenerfolg der 60er Jahre erhielt fünf Oscars.

Links: Ein Berliner Gassenjunge gerät nach 1933 als Pimpf und nach 1945 als Hakenkreuz-Schmierer zwischen die Mahlsteine der Geschichte. Klar, dass Drehbuchautor Wolfgang Neuss (auf dem Plakat hinter Karin Baal zu sehen) in dieser Kino-Satire (1960) das gesamte deutsche Volk im Visier hatte. Unübersehbar auch die Anspielung auf den Erfolgsfilm »Wir Wunderkinder«, der zwei Jahre zuvor über die Leinwände geflimmert war, mit Neuss in der Rolle des Conferenciers.

Links: Manfred Krug in dem wegen »antisozialistischer Tendenzen« verbotenen Zeitfilm »Spur der Steine« (1966). Nach 1989 sorgte der Film bei seinem erneuten Start für Besucherrekorde.

Senta Berger (linke Seite) als Nelly in »Das Testament des Dr. Mabuse« (1962), einem Remake von Fritz Langs düsterem Horror-Klassiker von 1933. Die Neuverfilmung von Regisseur Werner Klingler stellte sich in die Reihe der kurzweiligen Mabuse-Filme, die neben den Edgar-Wallace-Adaptionen das Krimi-Genre der frühen 60er-Jahre in Deutschland beherrschten. Klaus Kinski (unten) mit Christiane Krüger in einer Szene des 34. Edgar-Wallace-Krimis »Das Gesicht im Dunkeln« (1969).

3

70ER JAHRE

Serien, Shows und Spaß-TV

Als Filme noch für Skandale sorgten

Ingrid Steeger, zwischen 1973 und 1979 das Nummern-Girl in der frivolen und höchst erfolgreichen Comedy-Serie »Klimbim«, parodiert sich hier selbst bei einer ZDF-Gala zugunsten der Deutschen Krebshilfe 1975.

Seite 26 H **DIE WELT** Nr. 55 – Freitag, 6. März 1970

SPIELPLAN DER FILMTHEATER

THEMA NR. 1
Das liebste Spiel
Ein Film mit Farbe von Gabriel Axel (dem Regisseur des Welterfolges »Das tosende Paradies«)
SAVOY 15.30 18.00 20.30
FILMTHEATER AM STEINDAMM
Vorverkauf täglich ab 15 Uhr nur a. d. Theaterk. 24 70 70

HEUTE FESTLICHE URAUFFÜHRUNG IN ANWESENHEIT DER HAUPTDARSTELLER
ROLF THIELES OHRFEIGEN
Curd Jürgens, Gila v. Weitershausen, Alexandra Stewart, Nadja Tiller
Balduin Baas, Werner Pochath, Charles Regnier, Peter Hallwachs, René Deltgen, Horst Keitel
Musik: Uli Roever
Kamera: Wolf Wirth
Ausstattung: Maleen Pacha
Regie: Rolf Thiele
Produziert von Herbert Maris
Produktion und Weltvertrieb MARIS
Täglich 11.00 • 13.15 • 15.45 • 18.15 • 20.45
Sonntags ab 13.15 Uhr
PASSAGE
Theater Mönckebergstraße 17
Telefon 32 41 39
Vorvkf. tägl. ab 10.30 U.
Die Hauptdarsteller sind in den letzten beiden Vorstellungen anwesend!

DAS NEUE, UNKONVENTIONELLE FILMWERK DES „BONNIE-UND-CLYDE"-REGISSEURS ARTHUR PENN
ARLO GUTHRIE
Die Erlebnisse eines jungen Amerikaners mit der Polizei, der Justiz und der Musterungsbehörde!
2. WOCHE
United Artists
COLOR **ALICE'S RESTAURANT**
nach dem weltbekannten Protest-Song „THE ALICE'S RESTAURANT MASSACRE" von ARLO GUTHRIE
FILM-THEATER Dammtor Dammtorstr. Ruf 34 07 06
11.00, 13.15, 15.45, 18.15, 20.45
das andere kino
Fr., Sa. 23.00 Uhr: „KELEK" von Werner Nekes (eine Psycho-Montage diverser Bewußtseinsebenen) + „LAVALE" von Dore O., Hamburg

Alle sind einer Meinung:
„Das herrlichste Kinovergnügen seit langem!"
DIE HAMBURGER ZEITUNGEN SCHREIBEN:
„Rundherum ein Vergnügen, wie man es nicht alle Tage im Kino erlebt ... Hbg. Morgenpost
„... excellente Besetzung, Humor und Pfiff ... Anthony Quinn hat sich als Bambolini selbst übertroffen ... er ist so schlau, so raffiniert, so herrlich besoffen ..." Hbg. Abendblatt
„Viel vergnügter als üblich verläßt man das Kino ..." WELT am SONNTAG
ANTHONY QUINN
ANNA MAGNANI · HARDY KRÜGER
Das Geheimnis von SANTA VITTORIA
Der saftige Spaß um ein Dorf, seinen Bürgermeister und 1 184 611 FLASCHEN WEIN!
2. WOCHE
PANAVISION® TECHNICOLOR®
Achtung! Geänderte Anfangszeiten!
12.30, 15.15, 18.00, 20.45 **Die BARKE** Das Filmtheater a. Hauptbahnhof Tel.: 338393
Die Besucher der heutigen Abend-Vorstellungen erwartet wieder eine Kostprobe aus den Weinkellern von „Santa Vittoria".

ALADIN, Reeperbahn, Tel. 31 47 22; 13.30, 16.00, 18.30, 21.00, 23.15: Astro-Zombies — Roboter des Grauens.

BAMBI im OLYMPIA, Bachstr. 72, 570 92 73; 6.15 u. 8.45, Sbd. u. Stg. a. 3.45: Die Nonne von Monza, Fbf.

BLANKENESER FILMTHEATER, Bahnhofstr. 4, 86 24 21; tägl. 18.00 u. 20.30, Sonntag auch 15.30, Fr.—Stg.: Das Geheimnis der falschen Braut von Truffaut; Mo.: Godard: Die Außenseiterbande; Sonntag 12.30: Colonel Ryan Express.

CINEMA, Steindamm 45, T. 24 57 00; 11.30, 13.30, 16.00, 18.30, 20.45, Stg. ab 16.00 U.: Dämon mit den blutigen Händen; Sbd. 23: Ohne Gnade, Schätzchen.

ELBE-THEATER, Osdorf, 80 34 66; tgl. 18.00, 20.30 Uhr: Die Engel von St. Pauli.

KLEINES HAUS FLOTTBEK, Waitzstr. 15, 89 45 71; Achtung: nur 15.45 und 18.15: Hurra, die Schule brennt; nur 20.45: if ... v. Lindsay Anderson; Stg. 14.00: Hurra, die Schule brennt.

KNOPF'S St. Pauli, Tel. 31 42 88; 13.00, 15.30, 18.00, 20.30: Die Engel von St. Pauli.

KORALLE, Volksdorf, T. 6 03 42 30; tgl. 16, 18.30, 20.45: Erich Kästner: Konferenz der Tiere; Stg. 13.45: 7 goldene Männer.

NEUES IMPERIAL, Millerntorplatz 3, 31 49 17; 11.00, 13.00, 15.00, 17.00, 19.00, 21.00, 22.00 Uhr: Eros-Center Hamburg — ein farbiger Tatsachenbericht über die modernste Liebeszentrale der Welt.

PALETTE, Ochsenzoll, T. 5 27 80 00; 17.30 und 20.15: 2 Banditen.

REGINA, Eppendorf, neben Karstadt, Tel. 48 79 20; gr. Parkplatz; 4. Woche! Nur 16.00 Uhr: Das Dschungelbuch. Tägl. 18.30 u. 21.00: Die Nonne von Monza. Fr. u. Sbd. auch 23.15. Sbd. u. Stg. 13.30 Uhr: Jason und die Argonauten.

REX, Wandsbek, Tel. 68 86 00; 18.00 u. 20.30; Sbd. u. Stg. a. 15.30 Uhr: Dr. med. Fabian.

ROXY, Fuhlsbüttler Str., 61 66 62; 16, 18.15, 20.45: Erich Kästner: Die Konferenz der Tiere; So. 11.00 u. 13.15: Fantomas bedroht die Welt.

THALIA, Grindelallee; tgl. nur 16 (außer sonntags): Tom u. Jerry — Räuber u. Gendarmen; tgl. 18.30, 21.00: John und Mary.

UNION, St. Pauli, T. 31 42 76; 13.15, 15.45, 18.15, 20.45, Stg. ab 15.45 Uhr: Frank Sinatra, Dean Martin: Die siegreichen Drei, Farbwestern.

VOLKSHAUS-LSP., Berne, 6448802; (Sbd. geschl.): Engel v. St. Pauli.

Gila von Weitershausen
Helmut Förnbacher
2. WOCHE
Ein fröhlicher Farbfilm über die Fähigkeit (immer) zu lieben
Köpfchen in das Wasser, Schwänzchen in die Höh'
Manchmal hilft's
mit Konrad Georg, Dieter Augustin, Barbara Valentin, William Berger
UT URANIA THEATER Fehlandtstraße
ROB HOUWER FILM
RCS
ACHTUNG! Täglich 4 Vorstellungen 13.15, 15.45, 18.15, 20.45. Frei ab 18 Jahren

... Faustdick hinter den Ohren, aber ...!
STEVE McQUEEN IST **Der Gauner**
FARBFILM TECHNICOLOR
2. Woche
TÄGLICH 14.30, 17.30, 20.30 Uhr **UFA-PALAST** am Gänsemarkt VORVERKAUF AB 12 UHR TEL. 34 71 51

Der große Theater-Welterfolg von Jean Giraudoux jetzt als Film:
KATHARINE HEPBURN in **DIE IRRE VON CHAILLOT**
YUL BRYNNER DANNY KAYE
Giulietta MASINA
Charles BOYER
Oscar HOMOLKA
John GAVIN
FARBFILM
FILMTHEATER Esplanade Stephansplatz
GEÄNDERTE ANFANGSZEITEN: 15.15, 18.00, 20.45 Uhr • FREI AB 16 JAHREN

8. WOCHE „Z" IST UMGEZOGEN!
Z
FILM-THEATER atelier im URANIA Fehlandtstr.
15.45 • 18.15 • 20.45 • Frei ab 16 Jahren

Der grausamste Film des Jahres ist eine Sensation!
HEXEN bis aufs Blut gequält
mit HERBERT LOM
3. WOCHE
OASE Reeperbahn — Telefon 31 40 00
15.45 18.15 20.45
Freitag u. Sonnabend auch 23 Uhr

3. WOCHE
CLINT EASTWOOD
SHIRLEY MacLAINE
EIN FRESSEN FÜR DIE GEIER
Sein Finger ist ständig am Abzug — seine Taschen immer voll Dynamit.
TECHNICOLOR / PANAVISION
13.00, 15.30, 18.00, 20.45 **city** Steindamm 9 Ruf 24 24 38
KASSENÖFFNUNG 12.00

Lupe 1 Othmarschen
Fr. Fleischmann: Jagdszenen aus Niederbayern; Sa. Erstaufl. Kurosawa: Das Schloß im Spinnwebwald; So. Godard: Week-End; Mo. 18.00 u. 20.45 Rivette: Die Nonne; Spätv. 22.30 Fr./So. Ford: Zwei ritten zusammen; Mat. So. 11.00 Harnack: Der 20. Juli

... man geht wieder ins Kino!

Fuhlsbüttler Str. 61 66 62 **Roxy**
16.00 – 18.15, 20.45 Uhr ERICH KÄSTNER Die Konferenz der Tiere
Sonntag, 11.00 und 13.15 Uhr: „FANTOMAS BEDROHT DIE WELT"

EMELKA Osterstraße • 40 77 04
Täglich 16.00, 18.30, 21.00 **Zwei Banditen**
Sonntag, 11.00 und 13.15 Uhr: „Fantomas"

4. WOCHE
Größter Beifall bei Publikum und Presse für Hermann Schnells sensationellen Filmerfolg:
Anatomie des Liebesakts
... hält, was der Titel verspricht. *Frankfurter Allg. Zeitung*
FARBFILM
Constantin-Film
STUDIO an der Binnenalster Täglich: 16.00, 18.30, 20.45 Fehlandstr. Vorverkauf ab 15.00 Ruf 34 33 43

Anthony Quinn lüftet das »Geheimnis von Santa Vittoria«, Rolf Thiele verteilt »Ohrfeigen«, Gila von Weitershausen steckt mit anderen das »Köpfchen in das Wasser, Schwänzchen in die Höh«, Clint Eastwood ist mit Shirley MacLaine »Ein Fressen für die Geier« und Steve McQueen ist »Der Gauner«.

DIE WELT, KINOSPIELPLAN 06.03.1970

»Jetzt tanzen alle Puppen, macht auf der Bühne Licht ...« Die weltberühmte Muppet-Show wurde in der Bundesrepublik von 1977 bis 1981 durch das ZDF ausgestrahlt. Im Mittelpunkt jeder Folge stand ein Gaststar, der mit Kermit, Miss Piggy & Co. spielte und sang. Hier intonierte Gene Kelly noch ein letztes Mal seine Evergreens.

Mitte der 70er Jahre stand in beinahe jedem bundesrepublikanischen Wohnzimmer ein Fernseher, und die Fußball-WM 1974 gab den Anstoß dazu, dass sich jeder dritte Haushalt einen Farbfernseher zulegte. Das Fernsehen war zum Leitmedium geworden, aus dem Alltag jedes einzelnen Deutschen nicht mehr wegzudenken. Die Finanztöpfe der Fernsehanstalten waren gut gefüllt, und die Kommerzialisierung der Unterhaltungsindustrie nahm Fahrt auf.

KULTSENDUNGEN ALLER ART

Einige TV-Serien der 70er Jahre besitzen Kultstatus. Dazu gehört zweifellos die US-Serie »Raumschiff Enterprise«, von der seit 1972 im ZDF 39 Folgen liefen; dann stellten die Mainzer die Ausstrahlung der angeblich »geschmacklosen« Abenteuer aus dem Star-Trek-Universum ein. Ab 1985 sendete Sat.1 die inkriminierten Folgen.
Mit dem von Wolfgang Menge erfundenen Ekel Alfred aus der ARD-Serie »Ein Herz und eine Seele« wurde ab 1973 dem ewigen deutschen Spießer der Spiegel vorgehalten, und Millionen guckten regelmäßig zu, wenn der besserwisserische Haustyrann Tetzlaff seine Frau schimpfte und über die Roten herzog. 1970 ging der ARD-Tatort auf Sendung, und seitdem rätseln die Deutschen jeden Sonntag um 20.15 Uhr mit, die Knabberschale in der Hand. Das Erfolgsrezept: Jede ARD-Sendeanstalt schickt im wöchentlichen Wechsel ihren Kommissar auf Verbrecherjagd. Den Anfang machte Kommissar Trimmel mit der Folge »Taxi nach Leipzig«. Bis Ende 2008 waren 70 verschiedene Ermittler(-teams) in 715 Folgen zu sehen. Am längsten im Dienst sind seit 1989 Ulrike Folkerts als Lena Odenthal und Andreas Hoppe alias Mario Kopper. Götz George wird bis heute mit der legendären Figur des rabaukenhaften Duisburger Kommissars Horst Schimanski verwechselt.
Die absoluten Krimi-Dauerläufer hat jedoch das ZDF im Programm: Was mit Erik Odes »Kommissar« begann, fand, nach dessen Pensionierung 1976, in der Serie »Der Alte« seine Fortsetzung. Die hatte nacheinander drei Hauptkommissare – gespielt von Siegfried Lowitz, Rolf Schrimpf und Walter Kreye –, aber nur einen Assistenten. In der Rolle des Gerd Heymann ist seit über 30 Jahren Michael Ande zu sehen. Treu dienten auch Oberinspektor Derrick und sein Assistent Harry Klein: Von 1974 bis 1998 ermittelten Horst Tappert und Fritz Wepper in München, vorzugsweise in den Villen der Grünwalder Schickeria. Übrigens, der sprichwörtlich gewordene Stehsatz »Harry, hol schon mal den Wagen!« stammt gar nicht aus »Derrick«, sondern aus dem »Kommissar«: Dort gab es ebenfalls die Rolle eines Harry Klein, und auch die wurde schon von Wepper gespielt. So wie »Kojak«, »Die Straßen von San Francisco« oder »Colombo" in den 70ern US-amerikanische Cops und Detectives ins Haus lieferten, so präsentierte »Derrick« das Bild des soliden deutschen Beamten im Ausland: Der Exportschlager verkaufte sich in über 100 Länder und wurde damit die im Ausland erfolgreichste deutsche Fernsehserie aller Zeiten.

KINDER UND DIE MAUS

Die WDR-»Sendung mit der Maus« (und dem Elefanten und Käpt'n Blaubär) ist seit 1971

nicht nur bei Kindern beliebt. Auch Eltern gucken gerne mit und lernen dabei was dazu: In kleinen Einspielfilmen erklärte Armin Maiwald auf unnachahmliche Weise selbst komplizierte Dinge wie das Funktionieren des Astronautenklos oder des Computers. Von 1973 bis 1983 machten Ernie und Bert von der »Sesamstraße«, einer US-Serie für Kinder im Vorschulalter, im Bayerischen Fernsehen vorübergehend der Maus Konkurrenz. Und von 1977 bis 1981 tanzten im ZDF alle Puppen der »Muppet Show«: Fozzie-Bär und Gonzo, Miss Piggy, der Klavier spielende Hund Rowlf, Kermit der Frosch, und die beiden nölenden Stammgäste Statler und Waldorf.
Die Abenteuer des Herrn Tau fanden im DDR-Fernsehen treue Anhänger unter Kindern. Im Mittelpunkt dieser 34-teiligen tschechoslowakisch-deutsch-österreichischen Produktion stand Pan Tau, ein mysteriöser Mann mit Melone, schwarzem Anzug, Schirm und Nelke im Knopfloch, der über faszinierende Zauberkräfte verfügt.

ALLES SPIEL? ALLES SHOW!

Das Fernsehen war in den 70er Jahren experimentierfreudig: Fact oder Fiction? Das Verwirrspiel ging bis an die Grenze des damals Zumutbaren. 1970 wagte sich die ARD-Show »Millionenspiel« weit vor: Ein Kandidat wurde von einem Auftragskiller gejagt, und Dieter Thomas Heck als Moderator rief: »Toi, toi, toi den Killern und alles Gute dem Gehetzten!« Dabei konnte fingiertes Publikum helfen oder wurde zum Verräter. Nicht alle der wirklichen Zuschauer kapierten das gewagte Mörderspiel. Zwei Jahre später sorgte der Fernsehfilm »Smog« für den Westdeutschen Rundfunk von Wolfgang Petersen über eine angebliche Umweltkatastrophe im Ruhrgebiet für hysterische Reaktionen. Der Plot war so realistisch umgesetzt, dass Politiker im Vorfeld die Ausstrahlung zu verhindern versuchten. Einen veritablen Skandal verursachte 1970 die im ORF, SF und ZDF ausgestrahlte Show »Wünsch Dir was«. In der von Dietmar Schönherr und seiner Frau Vivi Bach moderierten Samstagabendunterhaltung trat eine 18-Jährige in einer transparenten Bluse auf, was eine Protestlawine gegen den »Sittenverfall im Fernsehen« auslöste. Da war Hans Rosenthals Spielshow »Dalli-Dalli« wesentlich harmloser. Von 1971 bis 1986 absolvierte er jedes Mal seinen legendär gewordenen Luftsprung, wenn das Publikum der Meinung war, die Sendung sei »Spitze!«. Den eigentlichen Wettkampf liefern sich seit ungefähr dieser Zeit aber die Sendeanstalten, nämlich den um die höchsten Zuschauerzahlen. Seit Mitte der 60er gab es bereits das europäische »Spiel ohne Grenzen« mit Camillo Felgen in der ARD. Von den neuen Formaten den größten Zuschaueranteil hatten ab 1974 jedoch Rudi Carrells »Am laufenden Band« (ARD) und die von Wim Thoelke über 200-mal moderierte Quizshow »Der große Preis« (ZDF), die Nachfolgesendung von Thoelkes Show »Drei mal Neun«, in der, für viele unvergessen, der Magier Uri Geller mit übersinnlichen Kräften Suppenlöffel verbogen hatte.
Beim »Großen Preis« räumten in der Publikumsgunst besonders die beiden von Loriot erfundenen »Mitmoderatoren« ab: der singende Hund Wum (»Ich wünsch mir 'ne kleine Miezekatze«) und der Elefant Wendelin. Ein Knoten im Ohr oder im Rüssel erinnerte an den »Einzahlungsschluss« für die »Aktion Sorgenkind« (heute »Aktion Mensch«).

Liebe, zum Sterben schön: »Love Story« (1970) mit Ali McGraw und Ryan O'Neal. Das Hollywood-Melodrama war einer der größten Kinohits der 70er Jahre, und räumte mehrere Golden Globes und Oscar-Nominierungen ab.

LICHT AUS! SPOT AN!

Radio Bremen wusste früh, was die Jugend sehen wollte. Der »Beat-Club« der 60er ging mit dem Pulsschlag der Zeit und wurde zum »Musikladen« umgemodelt, der von 1972 bis 1984 150-mal auf Sendung ging, moderiert von Uschi Nerke und Manfred Sexauer. Das Neue: Im Studio tanzten leicht bekleidete Go-go-Girls zu den Hits der Saison. Im ZDF rief der damals jüngste Entertainer im deutschen Fernsehen, Ilja Richter, »Hallo Freunde!«, und seine Fans konterten mit »Hallo Ilja!«. Seine dufte »Disco« war die vielleicht erfolgreichste Musikshow des Jahrzehnts, und erreichte mit ihrer bunten Mischung aus Schlager, Pop und Rock, aus Oldies, Hits und Sketches ein Millionenpublikum. Nicht ganz so fetzig und deshalb beim konservativeren Publikum mindestens ebenso populär war die »ZDF-Hitparade«, von Dieter Thomas Heck zwischen 1969 und 1984 präsentiert.

HONECKERS UNTERHALTUNGSPROGRAMM

Der DFF hieß ab 1972 »Fernsehen der DDR«: Mit dem Beginn der Ära Honecker veränderte

In »Leben und Sterben lassen« (1972) übernahm Roger Moore zum ersten Mal die Rolle des James Bond. Er spielte als Nachfolger von Sean Connery Geheimagent 007 im Stil der 70er: mit etwas mehr Selbstironie, Zigaretten und statt Wodka Martini (»geschüttelt, nicht gerührt«) Bourbon Whiskey.

sich das Fernsehprogramm, das nunmehr zwei Sender zur Auswahl hatte. Gut verpackte Unterhaltung, Fernsehfilme und Serien wurden gezeigt – ganz wie im Westen. Was dort die »Hitparade« war, hieß hier »Schlagerstudio« und hatte ebenso hohe Einschaltquoten wie die Rateshow »Schätzen Sie mal!«. Zu den unvergessenen Fernseherlebnissen des Jahrzehnts gehören die Mehrteiler »Aber Vati!« (1974), »Bin ich Moses!« (1976) und die Fernsehkomödien mit Agnes Kraus (u. a. »Schwester Agnes«, 1975). Auch der Jugend wurde Zeitgemäßes geboten: 1973 startete die Jugendsendung »Rund«, in der internationale Stars und Gruppen wie Abba, Bonnie Tyler, Gianna Nannini oder Slade zu Gast waren. »Oberhofer Bauernmarkt«, so hieß der »Blaue Bock« des Ostens. Die ersten Sendungen ab 1974 kamen noch aus der Kaminhalle des »Interhotel Panorama« Oberhof, Gisela und Manfred Matzke zeigten Bräuche und Handwerksberufe und garnierten sie mit passender Volksmusik. Auf 100 Folgen brachte es die Vorzeigeshow »Ein Kessel Buntes«: Sechmal im Jahr zur Samstagabend-Prime-Time, live aus dem Berliner Friedrichstadtpalast, dem Kulturpalast Dresden oder der Stadthalle Cottbus, stellte sich das erste DDR-Fernsehprogramm der direkten Konkurrenz der großen ARD- und ZDF-Shows und konnte durchaus punkten. Auch was Krimis betrifft, hielt der Osten mit. »Polizeiruf 110« trat 1971 die Nachfolge von »Blaulicht« an. Doch während diese Serie noch ein Kind des Kalten Krieges war, so gelangten jetzt Gaunereien und Verbrechen von DDR-Bürgern ans Tageslicht. Die Serie überstand das Ende der DDR und läuft und läuft und läuft …

DER DEUTSCHE FILM IN OST UND WEST

Der Zuschauerschwund, unter dem die Kinobranche zunehmend litt, wurde von den Kult- oder auch Skandalfilmen des Jahrzehnts (»The Rocky Horror Picture Show«, »Harold und Maude«, Woody Allens »Der Stadtneurotiker«, »Der letzte Tango in Paris« mit Marlon Brando, Pasolinis »Die 120 Tage von Sodom«) einigermaßen gestoppt. Das Kinopublikum ging neuerdings aber getrennte Wege. Vor den unterschiedlich großen Sälen der Schachtelkinos verzweigten sich die Besucher: In die »Besenkammern« schlenderten die, die Tickets für anspruchsvolle Filme gekauft hatten, in die größeren drängten jene, die Erfolgsfilme des Kommerzkinos nicht verpassen wollten (»Vier Fäuste für ein Halleluja«, »Ein Mann sieht rot«, »Chinatown«, »Der weiße Hai«, »Krieg der Sterne« usw.).
Zu den herausragenden DDR-Produktionen des Jahrzehnts gehören »Die Legende von Paul und Paula« (1973) nach einem Drehbuch von Ulrich Plenzdorf und die Verfilmung von Jurek Beckers Roman »Jakob der Lügner« (1974), der als einziger DEFA-Film eine Nominierung für den Oscar in der Kategorie »Bester ausländischer Film« erhielt.
Es war nicht das einzige Mal, dass die internationale Filmwelt in den 70er Jahren nach Deutschland blickte: Die Dreharbeiten Ingmar Bergmans zu seinem Film »Das Schlangenei«, der 1977 mit enormem Aufwand in München produziert wurde, erregten ebenso Aufsehen wie Werner Herzogs Verfilmung des Leidenswegs von Kaspar Hauser mit dem Laiendarsteller Bruno S. in der Hauptrolle: »Jeder für sich und Gott gegen alle« wurde 1975 bei den Filmfestspielen in Cannes ausgezeichnet. Im Jahr darauf wurde Wim Wenders' Roadmovie »Im Lauf der Zeit« für die Goldene Palme nominiert. Last but not least etablierte sich zu dieser Zeit Rainer Werner Fassbinder, der erfolgreich mit »Altstars« wie Karlheinz Böhm, Brigitte Mira oder Barbara Valentin zusammenarbeitete, als Regisseur des neuen deutschen Kinos (»Angst essen Seele auf«, »Martha«, »Die Ehe der Maria Braun«).

19.49 06
SAMSTAG
20.DEZ.
Marcus
Auf

Dauerbrenner vom Lerchenberg: Ganz links: Der blutjunge Moderator Ilja Richter während der Aufzeichnung der ZDF-Sendung »4-3-2-1 Hot & Sweet«, 1970; sie war die Vorgängersendung zu seiner Musiksendung »Disco«, die von 1971 bis 1982 vom ZDF produziert wurde. Links: Herbert Keller auf der Spur des Tatverdächtigen. Erik Ode (1910–1983) spielte in der ZDF-Krimiserie »Der Kommissar« von 1969 bis 1976 die Hauptrolle.
Unten: Fotoshooting mit Horst Tappert (links), Fritz Wepper, 1973. Die Stars der langjährigen ZDF-Krimiserie »Derrick«, die von 1974 bis 1998 erstausgestrahlt und an viele internationale Senderstationen verkauft wurde, sind in 108 Ländern bekannt.

Linke Seite: Jürgen Marcus (links) zu Gast bei der »ZDF-Hitparade«. Dieter Thomas Heck (rechts) moderierte die monatlich ausgestrahlte Sendung von 1969 bis 1984. Gegen Ende der 60er Jahre war der deutsche Schlager von den englischen Beatsongs schon ziemlich in die Ecke gedrängt worden, und die ZDF-Sendung trug in erheblichem Maße dazu bei, dass er in den folgenden Jahrzehnten seine Generationen übergreifende Popularität erhielt.

Oben: Rudi Carrell deutet auf die Allerschönste: 1979 wurde während der Show »Am laufenden Band« erstmals eine »Miss Germany« live im deutschen Fernsehen gewählt. Die Berlinerin Andrea Hontschik durfte sich mit Krönchen und Schärpe schmücken.

Linke Seite unten links: 1970 sorgte eine transparente Bluse in Dietmar Schönherrs großer Samstagabend-Show »Wünsch Dir was« für Aufsehen. Das war durchaus im Sinne der Programmmacher, die schon damals auf die Quote schauten.

Linke Seite unten rechts: Wim Thoelke mit den von Loriot für die Quiz-Show »Der große Preis« kreierten Figuren Wum und Wendelin.

»Das war Spitze !...« – Der legendäre Entertainer Peter Frankenfeld und die Schauspielerin Johanna von Koczian zu Gast bei »Dalli Dalli«. Als Quizmaster führte »Schnelldenker« Hans Rosenthal (Mitte) durch viele von ihm selbst entwickelte TV-Unterhaltungssendungen.

Oben: Aufschlussreicher als alle Klatschgeschichten über Rainer Werner Fassbinder (1945–1982) und seine Clique ist der Film »Warnung vor einer heiligen Nutte«(1970). Der geniale Regisseur beschreibt hier – es handelt sich um eine ziemlich authentische Rekapitulation der zeitgleichen Dreharbeiten zu seinem Film »Whity« – schonungslos seine Rolle: Er beutet die Gruppe aus, und die Gruppe beutet ihn aus. Auf dem Titelblatt der Theaterfassung heißt es: »Gewidmet den Ratten von Hameln und ihrem Fänger.«

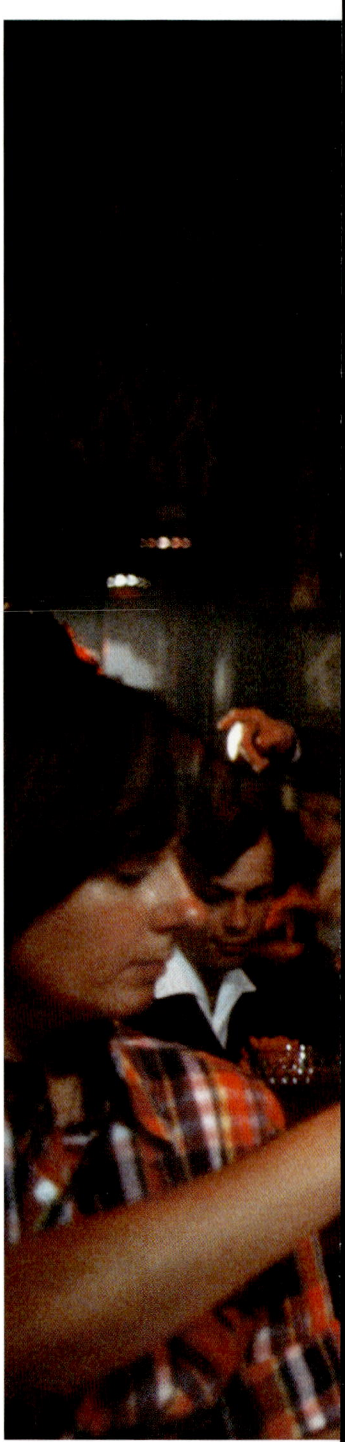

Linke Seite unten: »Angst essen Seele auf« (1973), Regie und Buch: Rainer Werner Fassbinder. Die 60-Jährige Witwe Emmi Kurowski (Brigitte Mira) verliebt sich in den 20 Jahre jüngeren Gastarbeiter Ali (El Hedi ben Salem). Der sozialkritische Film gilt als einer der zentralen und besten Filme im umfangreichen Œuvre des bedeutenden Künstlers.

Unten: Rainer Werner Fassbinder (2. von rechts) während der Dreharbeiten 1979 zu dem 13-teiligen Fernsehfilm »Berlin Alexanderplatz« nach dem gleichnamigen Roman von Alfred Döblin. Günter Lamprecht (links) spielt den Franz Biberkopf, Elisabeth Trissenaar (Mitte) die Lina. Die Literaturverfilmung Fassbinders gilt als herausragendes Dokument der deutschen Film- und Fernsehgeschichte und wurde, mit Hilfe der Kulturstiftung des Bundes restauriert, zum 25. Todesjahr des Regisseurs auf der Berlinale 2007 wieder gezeigt.

Oben: Ein Medienereignis: Die vierteilige deutsch-amerikanische Fernsehserie »Holocaust«, deren einzelne Folgen in Deutschland im Januar 1979 innerhalb von fünf Tagen im Dritten Fernsehprogramm ausgestrahlt wurden, erreichte zwischen zehn und fünfzehn Millionen Zuseher und bewirkte eine ungemein heftige öffentliche Diskussion über die dargestellten Ereignisse. Erstmals sah sich ein Massenpublikum mit der fiktionalisierten Vergegenwärtigung des Holocaust konfrontiert.

Links: »Jeder für sich und Gott gegen alle« (1974). Der Spielfilm von Werner Herzog erzählt die Lebensgeschichte des historischen Kaspar Hauser, der seine Kindheit und Jugend in einem Kellerverlies ohne jeglichen menschlichen Kontakt verbrachte. In der Hauptrolle der Laiendarsteller Bruno S., der durch seine sehr eigene Präsenz auf der Leinwand bei den Zuschauern einen großen Eindruck hinterließ.

Unten: »Jakob der Lügner«. Nach dem gleichnamigen Roman von Jurek Becker entstand 1975 der mehrfach ausgezeichnete DEFA-Film von Regisseur Frank Beyer. Der Schauspieler Armin Müller-Stahl spielte in dieser Verfilmung in einer Nebenrolle den Roman Schtamm und in der amerikanischen Neuverfilmung von 1999 (daraus die Abbildung) den aufrechten Dr. Kirschbaum.

»Jakob hat die Rundfunkmeldung im Revier gehört. Obwohl der Besitz eines Radios bei Todesstrafe verboten ist, behauptet er, ein Radio zu besitzen. Und nun erfindet er täglich neue Nachrichten aus denen ... alle im Ghetto der Kleinen Stadt Hoffnung und Kraft schöpfen.«

JUREK BECKER, »JAKOB DER LÜGNER«, 1970

Unten: Die weibliche Hauptrolle in dem DEFA-Spielfilm »Die Legende von Paul und Paula« (1973) wurde für Angelica Domröse zur Rolle ihres Lebens, mit der Millionen von Zuschauern sie auch heute noch in Verbindung bringen. Nachdem die beiden Hauptdarsteller (Winfried Glatzeder spielte den Paul) als »Republikflüchtlinge« in den Westen gegangen waren, wurde die alltagsgesättigte Romanze im DDR-Fernsehen nicht mehr gezeigt. 1993 wurde der Film in Anwesenheit der Hauptdarsteller und der Puhdys, von denen die Filmsongs stammten, noch einmal »uraufgeführt« und kam anschließend erneut in die Kinos.

Rechts: »Monaco Franze – Der ewige Stenz« (1983). Regie: Helmut Dietl, Drehbuch: Patrick Süskind. In der zehnteiligen amüsanten BR-Fernsehserie spielte Helmut Fischer hinreißend einen Vorstadt-Casanova. Hier ist er in der achten Folge – »Macht's nur so weiter!« – im Englischen Garten auf »Hasenjagd«.

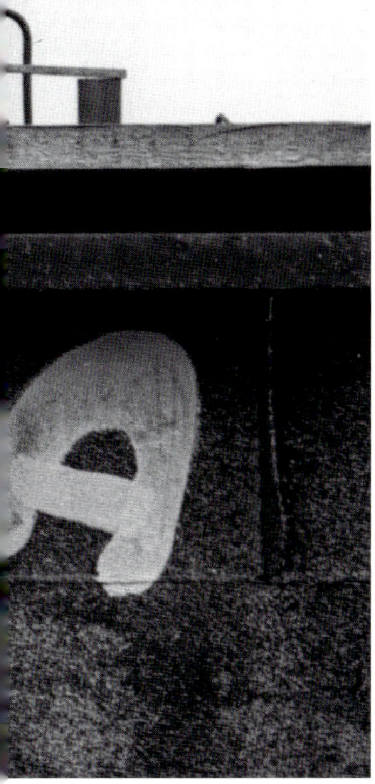

Links: Elke Sommer im Flower-Power-Look, auf einem Foto aus dem Jahr 1972. Sie hatte ihre internationale Karriere bereits in den 50er Jahren gestartet und spielte unter anderem 1973 in Edgar Reitz' tragikomischem Frühwerk »Die Reise nach Wien« (Drehbuch: Alexander Kluge) zusammen mit Hannelore Elsner und Mario Adorf.

80er Jahre

Dallas und die Privaten kommen

Mehr Programm, mehr Vielfalt, mehr Werbung

»Top, die Wette gilt«: Moderatoren-Urgestein Frank Elstner, der Erfinder von »Wetten, dass..?«, übergab 1987 seine große Samstagabend-Show an Nachfolger Thomas Gottschalk.

»Was ich tue ist nicht immer richtig, aber es geschieht im Interesse unserer Familie. Und dass man sich manchmal die Hände schmutzig macht, gehört dazu. Mein Daddy hat dieFirma aufgebaut, und ich werde alles tun, um sie zu erhalten.«

DALLAS-BÖSEWICHT J.R. EWING

Rechte Seite oben: »Dallas«. Das Personal der überaus erfolgreichen US-Fernsehserie, von links nach rechts: Larry Hagmann als Fiesling J. R. Ewing, Linda Gray als dessen Frau Sue-Ellen, Jim Davis als Vater Jock, Patrick Duffy als J. R.s »guter« Bruder Bobby und Victoria Principal als dessen Frau Pamela. In der Mitte sitzend Barbara Bel Geddes als Jocks Ehefrau Miss Ellie, neben ihr Charlene Tilton als Enkelin Lucy.

Rechte Seite unten: Anzeige in DIE WELT, 30.12.1989

»Ich will Spaß, ich geb' Gas«: genau diese Stimmung herrschte auch in der gesamten Unterhaltungsindustrie des Jahrzehnts. Die Elektronik kam mit immer noch Neuerem, Attraktiverem auf den Markt: In den 80ern waren das tragbare Fernsehgeräte und VHS für den Heimvideobereich. Zusätzlich erwuchs den öffentlich-rechtlichen Sendern, die seit dem Silvestertag 1981 ein gemeinsames Vormittagsprogramm im Angebot hatten, Konkurrenz durch die Privatsender: RTL und Sat.1 starteten 1984, es folgten Pro 7, und Anfang der 90er, Vox, RTL 2 und Kabel 1. Da sich die Privaten über Werbung finanzieren, wurden von Beginn an Einschaltquoten und Marktanteile ausschlaggebend: Neue Programmformate wie Comedy, Reality-TV und Daily Soaps suchten und fanden ihr zahlreiches Publikum. 3sat als gemeinsames deutschsprachiges Kulturprogramm ging 1984 auf Sendung. Am Ende der Dekade brach die »Nintendomania« aus: Nach einer Entwicklungsphase waren die Videospiele weltweit mitten im Leben der Jugendlichen angekommen.

EIN VOLK LACHT SICH EINS

Ein Gagfeuerwerk zündete Starkomiker Otto Waalkes mit dem Kinohit »Otto – der Film« (1985): Damit nicht genug. Er ließ dem bis heute mit 14,5 Millionen Zuschauern erfolgreichsten deutschen Streifen zwei Jahre später eine Fortsetzung folgen, die noch einmal mehr als sechs Millionen lachende Zuseher vor der Leinwand versammelte. Zur selben Zeit feierte Doris Dörrie mit der frechen Komödie »Männer« ihren Durchbruch als Regisseurin. Der deutsche Film wurde nicht nur kommerzieller, er wagte auch den Sprung zur Internationalisierung. Großfilmprojekte konnten aber mit US-amerikanischen Produktionen nicht mithalten und brachten die Bavaria, eines der größten deutschen Filmstudios, an den Rand des Ruins. Der Rausreißer war »Das Boot« (Regie Wolfgang Petersen, 1981): der aufwendige und perfekt inszenierte Kriegsfilm, der seinen Darstellern alles abverlangte, erhielt sechs Oscar-Nominierungen.
Mit »Christiane F. Wir Kinder vom Bahnhof Zoo« (1981) verbuchte Bernd Eichinger seinen ersten internationalen Erfolg als Produzent. Der realistische Einblick in die Drogenszene von Berlin und das Milieu der Kinderprostitution schockierte eine ganze Elterngeneration.

DDR-FERNSEHEN ZWISCHEN LEBENSHILFE UND SELBSTREFORM

Auch in den 80ern suchte das Ostfernsehen mit dem des Westens Schritt zu halten: Es zeigte vermehrt internationale Spielfilme. Die neueste Sendetechnologie ermöglichte nicht nur die Übertragung von Ostberliner Fernsehprogrammen über den sowjetischen Satelliten »Gorisont« nach Moskau oder Havanna, sondern erweiterte qualitativ auch die Berichterstattung der »Aktuellen Kamera«. Lebenshilfe und Unterhaltung für Jung und Alt blieben aber die tragenden Säulen der eigenstaatlichen TV-Produktion. Doch wer zu spät kommt … Ende 1989 kam es zum Macht- und damit Kontrollverlust der SED. Die Fernsehmacher standen vor neuen Aufgaben.
Bis es so weit war, leisteten die ganz dem DDR-Alltag verpflichteten zahlreichen Ratgeberformate gute Dienste, die sich schon in den 70er Jahren und noch früher etabliert hatten (»Visite«, »Das Verkehrsmagazin«, »Fragen Sie Professor Kaul!«, »Du und Dein Garten«). Nach wie vor bereitete Fernsehkoch Kurt Drummer Brisoletten zu, Goldbroiler oder Blumenkohl mit Pumpernickel. Anfang der 80er kam es zu einem regelrechten »Ratgeber-Boom« mit Tipps fürs Basteln, zur Haltung von Haustieren, Bewältigung von Partnerschaftsproblemen oder zur Berufswahl, Anleitungen zum Selbernähen (»Modekiste«, »Vom Scheitel bis zur Sohle«) oder schlicht und einfach fürs Haushaltsallerlei (»HAPS«). Sonnabends um acht war seit 1987 Multitalent Gunther Emmerlich Gastgeber der Unterhaltungssendung »Showkolade«, und nicht

NOCH NIE HABEN WIR SOVIEL FREUDE AUSGESTRAHLT.
Das Wiedersehen an der deutsch-deutschen Grenze in den vergangenen Tagen haben Sie live erlebt.
So gern wie nie zuvor haben wir unser Programm geändert. Um für Sie bei diesem historischen Ereignis überall da zu sein, wo sich Menschen aus Ost und West in die Arme fielen und für neue Grenzübergänge die Mauer fiel.
Tag und Nacht waren ARD und ZDF dabei. Mit Funk und Fernsehen.
BEI ARD und ZDF SITZEN SIE IN DER 1. REIHE

nur er riskierte auch schon mal eine flotte Lippe über die Republik, die ihrem Ende entgegenging. Als umjubelter »Beutelgermane«, den Dederonbeutel immer griffbereit, persiflierte der Kabarettist Wolfgang Stumph den ostdeutschen Beschaffungsdrang.
Seit Dezember 1985 sendete »Klik« einmal monatlich ein knappes Stündchen direkt aus einem Jugendklub. Politisch wagemutiger war da »Elf 99«: Das Jugendmagazin startete am 1. September 1989 mit einem Mix aus selbst verfassten Nachrichten, Musikvideos und Sportmeldungen. Besonders viele, nicht nur junge Zuschauer hatte die Sendung in den Wendemonaten, als sie mit vorher undenkbaren kritischen Beiträgen über die DDR-Nomenklatura und Sondersendungen den politischen Umbruch begleitete. Auch nach der Wiedervereinigung blieb »Elf 99«, 1990 mit einem Bambi ausgezeichnet, der Name und Sendestammplatz erhalten, doch dann verschwand das verdienstvolle Magazin nach und nach, von den Privatanbietern RTL plus, später Vox, übernommen, von der Bildfläche.

Die beiden smarten Hauptdarsteller der Krimi-Serie »Miami Vice« Don Johnson (rechts) als Detective James »Sonny« Crokkett und Philip Michael Thomas als Detective Ricardo Tubbs in einer Filmszene von 1987.

LAUTER LIEBE GEWOHNHEITEN

Ob hausgemacht oder eingekauft, Fernsehserien sind Quotenbringer, und mancher Serienheld avancierte zum absoluten Publikumsliebling. Nicht nur das. Der Schauspieler Klaus Jürgen Wussow wurde in der Wahrnehmung der Öffentlichkeit eins mit Professor Brinkmann (»Die Schwarzwaldklinik«, 1985–1989), und wäre Christian Quadflieg als Dr. Matthiesen (»Der Landarzt«, seit 1986) nach 42 Folgen nicht rechtzeitig den Serientod gestorben, wer weiß, ob er nicht heute noch im schleswigschen »Deekelsen« praktizieren würde.
Manchmal konnte man diesen guten Bekannten durchaus auch in anderen Serien begegnen. An Bord des »Traumschiffes« beispielsweise, das seit 1981 auf Kreuzfahrt zu den schönsten Urlaubsplätzen der Welt ist, während sich an Deck und in den Kabinen bis zum unvermeidlichen Happy End heillose Verwirrungen ereignen.
Fernsehunterhaltung vom Feinsten bot das Drehbuch-Dreamteam Helmut Dietl und Patrick Süskind mit den zehn Folgen von »Monaco Franze – der ewige Stenz« (1982) und den sechs »Kir Royal«-Geschichten (1986). Helmut Fischer als Vorstadt-Casanova Franz, Ruth Maria Kubitschek als Dame von Welt, genannt »Spatzl«, der Münchner Klatschreporter Baby Schimmerlos und sein Fotograf Herbie Fried, gespielt von Franz Xaver Kroetz und Dieter Hildebrandt, wurden zu legendären Figuren, die Serien Kult. Das musste man gesehen haben!
Ähnliches gilt für die »Lindenstraße«, produziert und erfunden von Hans W. Geißendörffer, nach dessen Vorgaben wöchentlich geliebt und geschieden, betrogen, gelogen und gestorben wird. Mit Mutter Beimer (Marie-Luise Marjan) stets im Mittelpunkt. Seit 8. Dezember 1985 auf Sendung, ist die erste deutsche Seifenoper mittlerweile bei über 1200 Folgen angelangt.
Das Bedürfnis nach zeitgemäßen Serien konnten deutsche Produktionen allein jedoch nicht befriedigen. Von den zugekauften US-Serien sind für die 80er Jahre besonders typisch die in der ARD gezeigten Krimi-Serien »Magnum« mit dem gleichnamigen schnauzbärtigen Privatdetektiv, und »Miami Vice«, deren Lifestyle-Cops in schicken Armani-Klamotten und rasanten Flitzern zu Modevorbildern für manchen deutschen Mann wurden.
Die TV-Blockbuster des Jahrzehnts aber waren »Dallas« (ab 1981 in der ARD) und »Denver Clan« (ab 1983 im ZDF). An den beiden US-Familiensoaps schieden sich die Geister. »Dallas« in der ARD war böser, der »Denver Clan« im ZDF mondäner. In beiden Serien drehte sich alles um Öl, Macht, Geld, Liebe und Intrigen. Frauen wollten sich kleiden wie Alexis, Krystle oder Sue Ellen, Männer übten sich wie J. R. in kaltem Zynismus oder trugen ihre Haare wie der softe Bobby. Heute wirken diese TV-Epen, die zum kollektiven Gedächtnis der 80er Jahre gehören, wie der Nachruf auf eine Zeit, in der Firmenimperien noch von Familien zusammengehalten wurden und nicht von anonymen Vorständen und Hedgefonds. Vielleicht ist es aber doch so, dass das Leben die allerschönsten und -traurigsten Geschichten schreibt? 750 Millionen Zuschauer in aller Welt waren am 29. Juli 1981 vor dem Bildschirm live bei der »Royal Wedding« dabei, als Prince Charles Lady Di heiratete.

COMEDY UND QUATSCH UND KABARETT

Blödelsendungen kamen in den 80ern auf wie Pilze nach dem Regen. Ein breites Publikum

»…nach Hause telefonieren« – E. T., der Außerirdische, und sein kleiner Freund Elliott. Steven Spielbergs Science-Fiction-Film (1982) war mit einem weltweiten Einspielergebnis von 800 Millionen Dollar einer der kommerziell erfolgreichsten Filme der 80er Jahre.

fanden vor allem die ARD-Sketch-Serie »Harald und Eddi« mit den Vollblutkomödianten Harald Juhnke und Eddi Arent, und die 23 Folgen von »Sketchup« mit Diether Krebs und Beatrice Richter, später mit Iris Berben. In allen erdenklichen Masken und Kostümen spielten sie unzählige Rollen, vom kürzesten Kalauer bis zur akribisch getimten Slapsticknummer. Diether Krebs' Parodie auf einen Öko-Softi (»Ich bin der Martin, ne«) erstürmte sogar die Hitparaden.
Die nur sieben von Radio Bremen produzierten Comedy-Folgen von »Total Normal« (1989–1991) machten Hape Kerkeling zum Top-Star der deutschen Fernsehunterhaltung und brachten ihm eine ganze Reihe renommierter Preise ein: Er zeigte vor Studiopublikum absurde Gameshows, Sketche, sang überdrehte Lieder – und zog dabei das Medium Fernsehen selbst durch den Kakao.
Das Lachen im Halse steckenbleiben konnte den Zuschauern des »Scheibenwischers«: Wie immer wenn politisches Kabarett die traurige Wahrheit pointiert aufspießt. Kein Wunder, dass Dieter Hildebrandts Sendung immer wieder, besonders unter konservativen Politikern, für Ärger sorgte.

FERNSEHUNTERHALTER UND TALKMASTER

In diesem Jahrzehnt stieg Thomas Gottschalk zum großen Fernsehunterhalter auf. Nachdem er bereits einige kleinere Sendungen moderiert hatte, übernahm er 1987 von Frank Elstner die große Samstagabend-Familienshow »Wetten, dass...?«. Durchschnittlich sahen und sehen bis heute fast 17 Millionen Zuschauer bei den kuriosesten Wetten zu, und auf der ausladenden Couch nehmen Celebrities Platz, nicht zuletzt, um Werbung in eigener Sache zu machen.
Karl Moik, Urgestein der deutschen TV-Folklore, fand seit 1984 mit seinem »Musikantenstadl« ein Millionenpublikum, zunächst am Donnerstagabend, doch bald schon wurde er auf den Thron des Samstagabend-Sendeplatzes gehoben. Bis 2006 verbreitete er, assistiert vom Hias und dem Dackel Wastl, gute Laune und Schunkelstimmung, sogar aus Moskau und Peking. Andere machten es ihm nach, und auch diese Gute-Laune-Sendungen (»Feste der Volksmusik«, »Willkommen bei Carmen Nebel«, »Heimatmelodie«, »Servus Hansi Hinterseer« usw.) hatten und haben treue Fanclubs von Amrum bis zur Zugspitze.
1988 eröffnete Marcel Reich-Ranicki eine ebenso kontroverse wie anregende Gesprächsrunde über neue Bücher: »Das Literarische Quartett« gab Lesern wie Buchhändlern eine willkommene Orientierung im Meer der jährlichen Neuerscheinungen. In 13 Jahren wurden 385 erzählerische Werke mal vernichtend, mal wohlwollend vorgestellt.
Mit Dietmar Schönherrs »Je später der Abend« (1973–1979) nahm ein Genre seinen Anfang, vor dem sich der Fernsehzuseher im Jahre 2008 kaum noch retten kann: Die Talkshow. Die dienstälteste noch laufende Unterhaltungsrunde ist »3 nach 9« (seit 1974), gefolgt von der »NDR Talk Show«, die 1987 in die Schlagzeilen kam, als die italienische Pornodarstellerin Ilona Staller vor laufenden Kamera ihren blanken Busen enthüllte.

KUNST IM FERNSEHEN

Ein künstlerisch wertvolles Fernsehereignis war 1980 die 14-teilige Verfilmung von Alfred Döblins Roman »Berlin Alexanderplatz« durch Rainer Werner Fassbinder: Sein Traum vom Traum des Franz Biberkopf war gleichzeitig der Epilog eines großen Regisseurs. Fassbinder starb zwei Jahre später im Alter von 37 Jahren.
1984 setzte die Hunsrücker Familiensaga von Edgar Reitz zugleich eine Chronik der deutschen Geschichte des 20. Jahrhunderts ins Bild (Trilogie »Heimat«).

Unten: Das »Traumschiff«, das fürs ZDF seit 1981 durch die Weltmeere schippert, ist für die Zuschauer ein Stück heile Welt. Das Erfolgsgeheimnis von TV-Produzent Wolfgang Rademann: Keine Gewalt, diskreter Sex und immer ein Happy End. Hier die »Traumschiff«-Crew auf der »MS Astor« 1983 (von links nach rechts): Horst Naumann als Schiffsarzt, Heinz Weiss als Kapitän, Heide Keller als Chefhostess und Sascha Hehn als Chefsteward.

Rechte Seite oben: Seit 1985 läuft wöchentlich die »Lindenstraße«. Erfinder der Langzeit-ARD-Familienserie ist Regisseur Hans W. Geißendörfer, der gerne aktuelle Zeitthemen in die Alltagsgeschichten der Hausbewohner Lindenstraße 3 hineinwebt. Seit mehr als 1000 Folgen mit Kochtöpfen, Kindern und der keifenden Nachbarin Kling dabei ist Marie-Luise Marjan als »Mutter Beimer« (stehend).

Rechte Seite unten: »Otto – Der Film« (1985). Starkomiker Otto Waalkes (Mitte) und Jessika Cardinahl als Silvia von Kohlen und Reibach in einer Szene der frech-rasanten Filmkomödie; der Streifen ist der bis heute erfolgreichste deutsche Kinofilm seit Beginn der Zuschauerzahlenerfassung 1980.

Linke Seite unten: Der Hamburger Redaktionschef Armin Halle im Fernsehstudio kurz vor Beginn der ersten Nachrichtensendung für das private Sat.1-Programm am 1. Januar 1985.

Linke Seite oben: Berlin, im Herbst 1989: Fernsehreporter Jan Carpentier (3. v. l.) im »Elf 99«-Studio mit NVA-Soldaten. Das DDR-Jugendmagazins entwickelte sich in der Wendezeit schnell zu einer tagesaktuellen, kritischen TV-Sendung, die vor allem mit Reportagen, etwa von den Montagsdemonstrationen in Leipzig oder aus der Bonzensiedlung Wandlitz, von sich reden machte.

Unten: Gruppenbild mit den »Drombuschs«. Die Familien-Fernsehserie lief von 1983 bis 1994 in 39 Episoden im ZDF und hatte so hohe Einschaltquoten, dass die ARD in Zugzwang geriet, die Programmgestaltung ihres eigenen Vorabends publikumswirksam zu reformieren. Das war gegen Drombusch-Lieblinge wie Günter Strack (2. v. r.), Witta Pohl (3. v. r.) und Marion Kracht (3. v. l.) kein leichtes Unterfangen.

»Mein Gott, die ganze Nacht lang bin ich gefragt worden, ob ich nun auch in Deutschland wieder drehen würde – ich müsste ja verrückt sein, jetzt, auf dem Gipfel meines Erfolges, noch einmal in dieses Land des staatlich geförderten Nullfilms zurückzukehren! Ich bleibe in Hollywood.«

WOLFGANG PETERSEN, REGISSEUR »DAS BOOT«

Unten: Klaus Doldinger komponierte den Soundtrack zum Antikriegsfilm »Das Boot«. Der beklemmend realistisch von Wolfgang Petersen inszenierte Film nach dem gleichnamigen Buch von Lothar-Günther Buchheim kam 1981 in die Kinos. Im Bild der ausgemergelte Obermaschinist Johann »das Gespenst«, dargestellt von Erwin Leder.

Unten: Trilogie einer Zeitenwende. Beinahe das ganze 20. Jahrhundert umspannt die Filmtrilogie »Heimat« von Edgar Reitz. Das Bild zeigt die Filmfiguren Hermann Simon (Henry Arnold) und Clarissa Lichtblau (Salome Kammer) im dritten Teil bei einem Spaziergang über den Hunsrück.

Links: Wieder ein Kino-Traumpaar: Dana Vávrová und Werner Stocker im modernen Heimatfilm »Herbstmilch« (1989), von Regisseur Joseph Vilsmaier nach den Lebenserinnerungen der Bäuerin Anna Wimschneider 1919–1993) an bayrischen Originalschauplätzen verfilmt.

Oben: Der betrogene Ehemann Julius (Heiner Lauterbach) macht sich zum »Affen«. Mit der Erfolgskomödie »Männer« gelang der Regisseurin und Schriftstellerin Doris Dörrie 1985 der internationale Durchbruch. Sechs Millionen Zuschauer lachten über Männerrituale und begeisterten sich am Beginn einer wunderbaren Männerfreundschaft.

Links: »Der Himmel über Berlin« (1987) – Engel Damiel (Bruno Ganz) verliebt sich in die Trapezkünstlerin Marion (Solveig Dommartin) ... Filmpoesie in Schwarz-Weiß, dank Wim Wenders als Regisseur und dem Drehbuch von Peter Handke. Wenders erhielt dafür in Cannes den Preis für die beste Regie.

Rechte Seite: Ein Straßenfeger der 80er Jahre: In »Kir Royal« (1986) brillierten Franz Xaver Kroetz als Klatschreporter Baby Schimmerlos und Dieter Hildebrandt als Fotograf Herbie. Die subtil-ironische Fernsehserie über die Münchner Bussi-Gesellschaft von Helmut Dietl und Patrick Süskind ist bis heute Kult.

Nikon

ran
SAT.1 · FUSSBALL
ran
SSBALL

90ER JAHRE

Zwischen Stagnation und Aufbruch

Pay-TV-Premiere kommt, der Deutsche Fernsehfunk geht

Johannes B. Kerner, 1996 mit dem Sat.1-Fußball-Magazin »ran« zum beliebtesten Sportmoderator gewählt, wechselte im Jahr darauf zum ZDF, wo er bis 2006 die Sendung »das aktuelle sportstudio« moderierte.

»Lieblingskinos sind wie Stammkneipen.«

DIE WELT, 12.09.1998

Oben: Kaufhausboss Mario Adorf (links) übergibt in dieser Filmszene aus »Der große Bellheim« (1993) die Geschäftsführung an seinen Nachfolger Richard Maiers, gespielt von Manfred Zapatka. Der TV-Vierteiler von Dieter Wedel lief in der Neujahrswoche 1993 zur Primetime und brachte dem ZDF mit durchschnittlich 9,4 Millionen Zuschauern einen der größten Quotenerfolge des Jahres.

Unten: »Sweet and openhearted«: Der komödiantische Liebesfilm »Pretty Woman« (1990) brachte Julia Roberts den Durchbruch. In Deutschland kam der Film am 5. Juli 1990 in die Kinos und war der meistgesehene Film des Jahres.

Die Deutschen ziehen zusammen und Europa rückt enger aneinander: das Fernsehen der DDR wurde in Stufen abgeschaltet, am 31. Dezember 1991, punkt 24:00, war Fernsehschluss des DFF. Andernorts ging der Europäische Fernsehkulturkanal »Arte« auf Sendung. Seit Februar 1991 konnte man schon Kunde des ersten deutschen Abonnement-Fernsehens »Premiere« sein, das für 39 DM (und 120 DM Leihgebühr für den Decoder) Kinofilme, Konzerte und Bundesliga live ins Haus brachte. Das Pay-TV-Programm war eigentlich nichts Neues, denn zwischen 1984 und 1991 gab es schon den »Teleclub« des Filmkaufmanns Leo Kirch. Wirtschaftlich überzeugenden Erfolg hatte das Bezahlfernsehen bis heute jedoch nicht: Im ersten Jahr waren es 70 000, 2007 knapp 3,5 Millionen Abonnenten. Die meiste Unterhaltung, vor allem Filme und Fernsehserien, bot seit 1992 rund um die Uhr der werbefinanzierte Privatsender Kabelkanal (ab 1994 dann umbenannt in Kabel 1).

In den 90er Jahren setzte die ARD schrittweise auf technische Innovation. Seit 1994 strahlte sie im Spätabendprogramm erstmals Filme über das neue Übertragungssystem PALplus in Breitbildformat 16:9 aus, das die Bildqualität verbesserte. Im selben Jahr waren in Europa auch die ersten digitalen Programme über Satellit verfügbar, u. a. über zwei Satelliten das Projekt »Direct TV« mit 150 Programmen. Zur Jahrtausendwende hin setzte der Eroberungsfeldzug des Flachbildschirms ein.

DAS DDR-FERNSEHEN WIRD ABGEWICKELT

Die Fernsehprogramme der Wendezeit sind Zeitdokumente von hohem Rang. Mit Beginn des Jahres 1990 ließ der staatliche Einfluss nach, was vor allem der Berichterstattung der »Aktuellen Kamera« zugute kam. Nun gab es sogar Direktübertragungen aus der Volkskammer und von den Gesprächen am »Runden Tisch«. Wahlwerbespots aus Anlass der Volkskammerwahlen vom 18. März 1990 waren eine kleine Revolution. Das Fernsehen der DDR wurde wieder in Deutscher Fernseh Funk (DFF) zurückbenannt, und die ersten der fünf Regionalprogramme nahmen ihren Sendebetrieb in Rostock, Halle, Dresden und Gera sowie Berlin-Adlershof für Potsdam auf. Fernsehspiel- und Filmproduktionen waren inzwischen erheblich heruntergefahren worden.

Mit der Wiedervereinigung trat Artikel 36 des Einigungsvertrages in Kraft, der die Auflösung zentraler Einrichtungen von Hörfunk und Fernsehen in den neuen Bundesländern bis Ende 1991 vorsah. Massenentlassungen waren die Folge, und auch Proteste von Zuschauern, die Angst um ihre liebgewonnen Programme hatten. Am 1. Januar 1992 wurde der DFF von den neuen Anstalten abgelöst: dem Mitteldeutschen Rundfunk für Sachsen, Sachsen-Anhalt sowie Thüringen (MDR) und dem Ostdeutschen Rundfunk für Brandenburg (ORB), der 2003 mit dem Sender Freies Berlin (SFB)

DIE BERLINER FILM-HITPARADE

1 Im Sturmschritt hat die rasante Pippi Langstrumpf der späten 90er, Franka Potente, die Hitparade erstürmt, und, oh neues kleines deutsches Kinowunder, sie hält sich nun schon in der dritten Woche in Berlin. **„Lola rennt"**, Tom Tykwers Überraschungserfolg, ist neben der kuriosen Story auch eine in schrägen Bildern präsentierte Hommage an die deutsche Hauptstadt.

2 Im Drei-Minuten-Takt servieren zwei US-Cops, wie sie klischeehafter nicht sein könnten, ihre markig-machomäßigen Sprüche, wie man sie schon zigmal gehört hat. Auch die Story ist beim vierten Aufguß, wenig originell. Doch **„Lethal Weapon 4"** rutschte noch ein Stückchen vor, zum anspruchslosen Entspannen reichen die Eskapaden von Mel Gibson und Danny Glover allemal.

3 Im Galopp nach vorne, schon in der zweiten Woche hat die merkwürdige Komödie mit dem skurrilen Titel **„Das merkwürdige Verhalten geschlechtsreifer Großstädter zur Paarungszeit"** in der deutschen Metropole die Herzen aller Singles, frisch Verliebten oder Getrennten erobert. Schnitzlers „Reigen" in postmoderner Variante, frivol, frech und gar nicht fromm.

4 Im Schneckentempo kommen sich David Duchovny und Gillian Anderson in diesem aufgeplusterten Erfolgs-TV-Serial endlich näher – und der Weltverschwörung doch nicht auf die richtige Spur. **„Akte X"** ist ein lahmer Aufguß. Diesmal ist das Fernsehen einfach besser. Trotzdem hält sich die Psycho-Krimi-Fiction-Melange seit fünf Wochen in der Hitliste.

5 Im freien Fall katapultiert sich das saft- und kraftlose Remake eines hinreißenden Originals nach unten. Der enge Lederdress nützt Uma Thurman nichts und Ralph Fiennes bleibt ein blasser Milchbubi. **„Mit Schirm, Charme und Melone"** im Kino ist eine mißglückte Raubkopie der englischen TV-Kult-Serie aus den 60er Jahren. Es fehlt der englische Humor.

6 Auf Tauchstation im Meer – was an ölverschmierten Kerlen in Taucheranzügen und Bohrinseln faszinierend ist, mögen die Fans von Greenpeace am Besten wissen. Aber vieleicht liegt es auch am animalischen Sex-Appeal von dem amerikanischen Superstar Bruce Willis, daß sich **„Armageddon – Das jüngste Gericht"** auch nach acht Wochen immer noch so weit vorne hält.

Klassik, Kult, Kommerz – Kino-Krieg verschärft sich

Ein gutes Dutzend weiterer Multiplexe ist geplant

Von CHRISTA HASSELHORST

Der Kinozuschauer der Zukunft wird in der Metropole Berlin ein heiß umkämpfter Gast sein. Bereits jetzt buhlen die sieben Multiplex- und Großkinos mit Service und Sonderangeboten um ihn. Schöne neue Kinowelt? Dabei hat der Multiplex-Boom in der Hauptstadt gerade erst begonnen, neben den glorreichen Sieben ist in den nächsten Jahren ein gutes Dutzend weiterer Multiplexe geplant. Die Epoche der neuen Leinwand-Paläste könnte gerade in der 3,5 Millionenstadt mit derzeit 230 Kinoleinwänden einen knallharten Konkurrenzkampf an zwei Fronten auslösen.

Einerseits ist da die Polarisierung zwischen den kühlen Mammutbauten der Multiplexe mit ihrem vom US-Markt dominierten Mainstream-Angebot und den kleinen, ambitionierten, oft mit morbidem Charme versehenen Programmkinos. Etliche von ihnen haben in den letzten Monaten bereits schließen müssen, ein 166-Plätze-Kino wie „Notausgang" in Schöneberg versucht mit neuem Besitzer und Retrospektiven die Nische zu nutzen.

Ausgerechnet in der Berlinale-Stadt bricht Deutschlands Multiplex-Führer Hans-Joachim Flebbe nun mit seinem neuesten „Cinemaxx"-Tempel am Potsdamer Platz (3500 Plätze) in die Domäne der anspruchsvollen Programmkinos ein. In den 50-Plätze-Sälen, wo sich ab der Berlinale im Jahr 2000 die Filmeinkäufer ihre Augen ekkig gucken, soll anspruchsvolles Kintopp, Kultiges, Klassisches, Fremdsprachiges flimmern. Delikate Pointe, daß just vor drei Wochen der von Flebbe übernommene traditionsreiche „Gloria"-Palast am Kudamm schließen mußte. Auf dem Daimler-Benz-Gelände am Potsdamer Platz ist Flebbe nur kurzfristig Alleinherrscher, auf dem Sony-Areal gegenüber öffnen im Jahr 2000 noch ein Multiplex und ein zweites IMAX. Das erste IMAX-Kino, an dem Flebbe mitbeteiligt ist, wird am 2. Oktober eröffnet, ist eines von weltweit nur drei Kinos mit gigantischer beweglicher Kuppel-Leinwand.

Andererseits kämpfen die Multiplex-Betreiber auch gegeneinander an: schließlich sind die Illusionspaläste kühl kalkulierte Renditeobjekte, die Gewinnn bringen sollen. 300 000 Einwohner muß ein Einzugsgebiet haben, damit die notwendige rentable Auslastungsquote von 24,5 Prozent erreicht wird. Da bei Kinos wie bei Apotheken Niederlassungsfreiheit herrscht, die einzelnen Bezirke entscheiden über die Ansiedlung, überschneiden sich die Gebiete immer öfter. Da fechten „Kosmos" und „UCI-Kinowelt", einen Kilometer voneinander entfernt, in Friedrichshain einen Preiskampf aus, da tobt ein Kinokrieg im Prenzlauer Berg, wo Filmmogul Artur Brauner mit seinem Kompagnon Flebbe erfolglos die Anwälte gegen ein geplantes Multiplex anruft, welches der US-Konzern Warner Brothers plant.

Alle Multiplex-Betreiber sprechen mit gespaltener Zunge: Sie verweisen auf die steigenden Besucherzahlen, (9,6 Millionen verkaufte Kinokarten 1996, 4,2 Karten pro Jahr in Berlin gegenüber 1,7 pro Einwohner in Deutschland), den Multiplex-Effekt, der eine Verdoppelung der Kino-Besuche bewirke und überhaupt, Konkurrenz belebe das Geschäft. Gleichzeitg macht das Menetekel vom „Overscreening" die Runde und das aufgrund des Überangebotes letztlich keiner der Giganten wirklich ein Geschäft macht. „Wir setzen auf den Champs-Elysée-Effekt", heißt es jedoch optimistisch bei Sony, „viele Kinos an einem Ort locken viele Menschen an."

Samtig, puffig, kitschig, daß es schon wieder gut ist: Saal 7, der größte im „Cinemaxx" am Potsdamer Platz FOTO: STACHE

Die Neugier treibt sie alle rein

Das neue Multiplex am Potsdamer Platz ist rappelvoll – für wie lange?

Von CHRISTA HASSELHORST

Der jüngste Tempel der Kino-Kultur liegt in Berlins neuer Mitte, auf der Baustelle Potsdamer Platz. Und weil Gläubige wie Neugierige so dringend nach dem Manna der Superlative lechzen, dürfen sie seit gut zehn Tagen das „größte Kino Deutschlands" inmitten von Lärm, Kränen und dreiviertelfertigen Neubauten aufsuchen. Die Kinokarte als Passierschein in den Vorhof der Schönen Neuen Welt.

Allein die Anfahrt mit dem Auto eine Expedition, die sich mit jeder Rallye Paris-Dakkar messen könnte: In naher Ferne sooo weit weg, der Sony-Turm winkt als Orientierung – doch wie gelangt man dorthin, ohne zum zweiten Mal im Stau in entgegengesetzter Richtung zu landen? Ein Mirakel, das sich nach zweimaligem Umkurven löst, endlich ist das Nadelöhr, die Einfahrt ins Parkhaus erreicht (vielleicht nehmen wir das nächste Mal doch besser den 148er bis Kulturforum oder die U- oder S-Bahn bis Potsdamer Platz, auch wenn der Weg danach zwischen Autos und Baustellenzäunen Haken zu schlagen erzwingt). Im unterirdischen Parkdeck erste Erlösung, noch sind viele der 1000 Plätze frei und bis 2. Oktober obendrein kostenlos.

Schwupp, steht der Kinogänger vor dem „Filmfestspielhaus", wie Deutschlands Multiplex-Mogul Hans-Joachim Flebbe seine neueste Investition großartig getauft hat. Der Palast der Illusionen mit 19 Sälen und 3500 Plätzen: von außen eine Enttäuschung. Keine kühne Architektur, wie sie die Wiener Architekten Coop Himmelblau in Dresden wagten, kein Glanz von Traumwelt, nirgends. Ein Kompromiß zwischen „Mister Cinemaxx" und seinem Vermieter Daimler-Benz, der hier ursprünglich ein Altenheim plante. Innen kühl, gigantisch, unmenschlich in den Maßstäben. Viel nackter Beton zeigt den pseudo-futuristischen, zugleich monoton-nüchternen Weg ins 21. Jahrhundert, einzig eine Wand wurde in Reminiszenz an den gern beschworenen „Glamour" des Metiers blattvergoldet. Endlose Treppen, schwarzer Granitfußboden im Foyer, schwarzgrauer Teppichboden mit eingewebtem Markenzeichen.

Flimmernde Terminals hängen über den sieben Countern, vor denen sich in Schlangen, durch Kordeln getrennt, brav die Besucher aufreihen. Das Personal im adretten Dress mit roter Krawatte ist freundlich, geduldig, hält auch den dämlichsten Fragen mit Gelassenheit stand – zu schön, wenn dies im Routine-Betrieb so bliebe. Neugierde bringt die Besucher seit Tagen in Scharen hierher, nicht die Filme. Die können sie schließlich, bis auf wenige in Originalfassung, überall in dieser Stadt sehen. Aber die Massen, die an jenem ganz normalen Dienstag hier einfallen, stehen staunend, schauend, gestenreich erklärend da. Ein gesetztes Ehepaar war seit drei Jahren nicht im Kino, „doch das wollten wir uns hier mal anschauen", sagen sie beide mit einer Spur von Stolz darüber, zu den Ersten zu gehören.

Hausherr Flebbe hätte es, so geht das Gerücht, gerne gemütlicher gehabt in seinem neuen Prestige-Objekt. Wenigstens in Saal 7, mit 606 Plätzen der Größte, hat er sich das erfüllt. Eine rote Samt-Schatulle, mit Sesseln, die so kuschelig sind, daß man bei einem schlechten Film bestimmt gleich selig entschlummert, und mit einem bordellhaften Satin-Wolken-Store, der so verkitscht ist, daß es einem schon wieder das Herz erwärmt. Beinfreiheit, Riesenleinwand, Super-Technik, alles auf dem neuesten, besten Stand. Aber das gibt es auch in anderen Multiplexen, ebenso Popcorn, Riesen-Cola-Becher und ein Repertoire an Junk-food. Warum nicht mal lekkere Canapees?

Ungewöhnlich dagegen die „Maxx"-Bar im Foyer, die nach dem Filmschluß in mehreren Sälen rappelvoll ist, wo Cocktails und preiswerte Spaghetti stärken. Die Barkeeper jedoch üben noch, Caipirinha und Mojito auseinanderzuhalten – und grübeln, ob „Cuarenta y tres" wohl ein Film von Almodóvar sei, oder doch ein Getränk.

Hier, am Tresen der in mattgelbes Licht getauchten Bar mit Blick auf das bald wiederbelebte Herz Berlins, wird endgültig klar, was diesen Ort zum Kult-Treffpunkt für Kinogänger machen soll: Der Abend soll zum „Event" werden. Doch wird das auch tragen, wenn die Neugier von Berlinern und Touristen erstmal gestillt ist?

Lieblingskinos sind wie Stammkneipen

how – Zuletzt folgte auch noch da „Eiszeit". Dieser wunderbar ve ranzte, windschiefe Saal mit de klapprigen Sitzreihen, in die ma sich nur lümmeln konnte, um über haupt in ihnen sitzen zu können. Zweiter Hinterhof, zweiter Stock ein Klo für alle. Das EM-Finale '9 haben wir da gesehen, johlend biertrinkend und rauchend (scho damals hätte Berti zurücktreten müssen). Irgendeinen Boxkamp morgens um sechs, Mike Tyson ge gen einen dieser Chancenlosen. E liche der frühen Fernsehfolgen vo „Monty Python's", natürlich i BBC-Original. Und durch die Re hen wanderte der Joint. (Sofern wir nichts verklären; später wa auch hier Rauchen unerwünscht. Richtige Filme gab's natürlich auch im alten „Eiszeit", nicht nu Video-Großprojektionen. Ziemlich schräges Zeug in der Regel.

Aber, wie gesagt: Nach allen an deren Kinos in meiner Nähe wurde zuletzt auch das „Eiszeit" moder nisiert. Zwei Vorführräume hat e jetzt, saubere Sessel, Frauen- und Männerklos. Dafür wurde di schöne lange Theke geopfert Filme, die man sonst nirgends z sehen kriegt, laufen hier aber immer noch. Und auch sympathisch ist es geblieben.

Das gilt für Kinos doch wie für Restaurants: Das Angebot (an Essen, an Filmen) ist das eine. Di Atmosphäre, die Stimmung, d Stil und eben das ganze Drumhe *um ist das andere, nicht* wen Wichtige. Und da ziehen die Gr kinos doch immer den kürzen mit ihrer Konfektionsarchitekt die den Konfektionsstreifen a den zig Leinwänden aufs beste e spricht. Mit ihrem McDonald Publikum.

Was lob' ich mir da das „fa das so absichtsvoll unfertig a sieht, wo mal ödeste französisc Kunstfilme laufen, mal reizend Lakonien aus Skandinavien. W nett das beinahe schon anti-p tensiöse „Moviemento" mit sein Programm zwischen Perlen u Schrott. Und mein persönlich Favorit, das „Babylon" mit sein beiden Sälen, wo britische und d intelligenteren amerikanisch Produktionen im Original laufen.

Alles Kinos in Kreuzberg. N türlich kein Zufall: Ich wohne u die Ecke. Und fühle mich, cinem to-geographisch, wie im Paradi Selbst wenn ich mal Lust auf si ple Kost habe, warten entspr chende Leinwände keine Viert stunde entfernt. Also: Warum s ich an den Kudamm fahren, u den gleichen Schinken auf eine bloß grandioseren Teller servi zu bekommen?

Nein, um die Kiez-Kinos, d Filmbühnen und -bühnchen m anspruchsvollerem Program braucht es einem nicht bange se Wer dorthin geht, weiß, waru Was sollten diese Multimaxxe u Cineplexe daran ändern?

„Szene ist ein Haifischbecken"

Programmkinos wollen mit anspruchsvoller Kinotradition überleben

HA – In Gefahr und größter Not bringt der Mittelweg den Tod. Mit dieser Devise will das ambitionierte kleine Programmkino „Filmkunst 66" in Charlottenburg (Bleibtreustraße) tapfer seiner von Multiplexen bedrohten Zukunft trotzen. „Wir feiern am 1. Oktober 25jähriges Bestehen, in Zeiten eines harten Verdrängungswettbewerbes ein kleines Wunder", sagt der passionierte Filmfreak und Kinobetreiber Franz Stadler.

In zwei Sälchen mit 200 und 100 Plätzen ist die „Filmkunst 66" ein Stück anspruchsvolle Kinotradition in der Stadt. Eines der Programmkinos, die trotz Stammpublikum immer heftiger ums Überleben kämpfen müssen: gegen die Blockbuster der US-Ketten mir ihren Marketing-Kampagnen,die rigorosen Diktate der Verleihfirmen, gegen die Erlebnis-Kinos mit ihrer Non-plus-ultra-Technik. „Dafür gibt es bei uns Innovatives, Neuentdeckungen, Pretiosen, die sonst nirgendswo zu sehen sind! Und den persönlichen Service plus frischen Kaffee, nicht aus dem Pappbecher", ist Stadlers Waffe. Doch ihm ist klar, daß Einzelkinos wie seines am ehesten über die Klinge springen bei der Schlacht um die Zuschauer. „Das ist wie mit den ‚Tante-Emma-Läden', eines Tages sind sie unwiderruflich futsch und dann jammern alle", ironisiert der 57jährige, ein David gegen Goliath, seine Chancen.

Leitet Wirtschaftsverband: Manfred Bittmann FOTO: LENGEMANN

„Die Kinoszene ist ein Haifischbecken", bestätigt ohne Pathos Manfred Bittmann. Seit 1992 Geschäftsführer des Wirtschaftsverbandes Berliner Filmtheater e.V., mag er sich nicht als Kassandra sehen, bezweifelt aber den Erfolg der miteinander konkurrierenden neuen Filmpaläste.

Dem Doppelpack am Potsdamer Platz (zwei Multiplexe, zwei IMAX-Kinos) attestiert er noch die besten Chancen, begrüßt die Ansiedlung dort auch, weil dadurch die Büro- und Geschäftsstadt abends belebt wird. Aber dort, wo sich in einem Bezirk mehrere Multiplexe um die gleiche Kundschaft balgen – wie derzeit in Friedrichshain – warnt Bittmann vor zuviel Optimismus. Und er glaubt nicht, daß der Kiez-Bewohner „in Steglitz nach Marzahn und Hellersdorf ins Multiplex fahren wird". Der Markt werde durch die Verleihstrategien, immer mehr Filme mit immer kürzerer Laufzeit. „Und bei den kleinen Kinos überlebt nur, wer einen starken Rückhalt bei den Filmverleihern hat."

SCHON JETZT 230 KINOSÄLE

HA – In Berlin gibt es, wenn am 2. Oktober das IMAX-Kuppelkino am Potsdamer Platz öffnet, 230 Leinwände in konventionellen Kinos und sogenannten Multiplexen. Zur Zeit sind sieben Großkinos inclusive „Zoopalast" und des vor zehn Tagen eröffneten „Cinemaxx" am Potsdamer Platz in Betrieb.

Im Bau befindliche bzw. geplante Multiplexe in Berlin (Stand 9. Juni 1998, Quelle Hauptverband Deutscher Filmtheater e.V.):

1. Cinemaxx Hohenschönhausen (Flebbe-Gruppe), 2000 Plätze, 9 Leinwände
2. Sony-Multiplex Potsdamer Platz, 2000 Plätze, 8 Leinwände; IMAX, 500 Plätze
3. UCI-Kinowelt Marzahn, 1500 Plätze, 8 Leinwände
4. Cinestar Tegel (Kieft &Kieft), 2300 Plätze, 9 Leinwände
5. UCI-Kinowelt Neukölln, 2270 Plätze, 9 Leinwände
6. UCI-Kinowelt Lichtenberg, 2360 Plätze, 9 Leinwände
7. Park-Kino Treptow (UFA-Theater), 2400 PLätze, 9 Leinwände
8. Warner Cinema Prenzlauer Berg (Kulturbrauerei), 1800 Plätze
9. Warner Cinema S-Bahnhof Treptower Park, 2200 Plätze, 9 Leinwände (noch offen)
10. UFA-Palast Tempelhof, 2500 Plätze, 10 Leinwände.

Im Brandenburg sind geplant: Cinestar (Kieft & Kieft) Wildau, 2033 Plätze, 10 Leinwände. Multiplex auf dem Gelände der Medienstadt Babelsberg.

Knapp 17 000 Kinoplätze befinden sich in Berlin derzeit in Multiplex-Kinos. Nach einer Studie für die Treuhand Liegenschaftsgesellschaft (TLG), auf deren Gelände der Kulturbrauerei Warner Brothers ein Multiplex errichten will, wird das zukünftige Angebot der Sitzplätze in Berliner Multiplex-Kinos rund 40 000 betragen. Die zukünftige Gesamtzahl verkaufter Kinokarten pro Jahr soll bei 14,5 Millionen liegen. 1996 waren es 9,35 Millionen Kinokarten. Der West-Berliner ging 1996 häufiger (3,13 Karten pro Jahr) als der Ost-Berliner (1,98 Karten pro Einwohner) ins Kino.

»Katzenklo, Katzenklo,
ja das macht die Katze froh. (...)
Ich gebe ihr was, ich geb ihr was zu fressen und sie bezahlt nichts dafür. Und das ist gut. Eine Katze frisst Dir die Haare vom Kopf. Eine Katze frisst den ganzen Tag.«

HELGE SCHNEIDER, 1994

»Lecker Mittagessen« wollte Hape Kerkeling am 25. April 1991 in Berlin, verkleidet als Königin Beatrix, die zu einem offiziellen Empfang beim Bundespräsidenten erwartet wurde. Über seinen Live-Act als Doppelgängerin konnten die Zuschauer sich dann in Folge 6 von Kerkelings medienkritischer Comedy-Sendung »Total normal« (ARD) kaputtlachen.

zum Radio Berlin Brandenburg fusionierte (RBB). Der Norddeutsche Rundfunk (NDR) macht seitdem Programm für Mecklenburg-Vorpommern.
Die ARD hatte also neuerdings mit dem MDR und dem ORB elf Landesrundfunkanstalten. Die Fernsehgebühren hatte man bereits 1990 von 10 auf 19 Mark angehoben. Nur wenige Sendungen des ehemaligen DFF konnten sich ab 1992 in den regionalen Programmen halten, darunter das »Sandmännchen«, »Außenseiter – Spitzenreiter« und »Visite«. Sie wurden auch noch zehn Jahre nach der Liquidierung des Adlershofer Senders ausgestrahlt.

NACHMITTAGS: EIN KANAL FÜR KINDER UND VIELE DAILY-TALKS

In der guten, alten Zeit war alles ganz klar: Nachmittags war Kinderprogramm, abends Erwachsenenprogramm. Doch mittlerweile lief allerhand auch tagsüber. Unüberschaubar wie das Fernsehprogramm nun mal geworden war, riefen die ARD und das ZDF 1997 einen eigenen Kinderkanal »für 3- bis 13-Jährige« ins Leben, der seit 2000 in Gelb-Rot den Namen KI.KA trägt. Trick- und Spielfilme, Puppenserien, Sonntagsmärchen, Wissensmagazine, Informationsprogramme, und sogar eine Seifenoper für die Kleinen darf nicht fehlen: Im Internat Schloss Einstein ereignen sich seit über 500 Folgen jede Menge Turbulenzen. Mangels besserer Alternativen griffen in den 90ern auch Erwachsene zur Fernbedienung: Nicht nur Alte und Arbeitslose waren erpicht darauf zu hören, wie Unprominente ihre ganz privaten Probleme und Meinungen zum Besten gaben. RTL begann 1992 mit Hans Meiser, und es folgten in allen anderen Sendern Ilona Christen, Arabella, Fliege, Bärbel Schäfer, Kerner, Birke Karakus, Oliver Geißen etc. etc. So viel »Reality« war noch nie, und ein Ende der Quasselei ist bis heute nicht abzusehen.

DIRTY HARRY, HERBERT FEUERSTEIN UND ANDERE COMEDIENS

Von den US-amerikanischen Late-Night-Shows, die zu später Stunde mit einem Mix aus Comedy und Talkshow ihr Publikum belustigen, hat sich Harald Schmidt einiges abgeguckt. Und zusammen mit Herbert Feuerstein, der in den Magazinen »Pardon« und »MAD Satire« von der Pike auf gelernt hat, entwickelte er in der Sendung »Schmidteinander« (WDR 1990–1993, ARD 1994) eine für deutsche Verhältnisse extrem schräge Fernsehsendung. Im verbalen Schlagabtausch führten die beiden Entertainer in wiederkehrenden Sketchreihen und Running Gags ein abstruses Spiel vor dem Publikum auf. Aus dieser Kultsendung wurde beinahe jedes Element legendär: der Ständermann, die Hupf-Dolls, »Haben wir dazu eine Statistik?«, Superstein rettet die Hausfrauen ... Schmidt lästerte unentwegt gegen Feuerstein, und der steckte ein. Zum Beispiel den Grimme-Preis 1994. Ein Jahr später ging es mit der »Harald Schmidt Show« auf Sat.1 los, mit der »Dirty Harry« seinen guten Ruf endgültig festigte. 2003 legte Schmidt eine kreative Pause ein, 2005 kehrte er in die ARD zurück.
Eine Nachwuchsschmiede der besonderen Art war fünf Jahre lang »RTL Samstag Nacht«: Mit Hugo Erwin Balder im Hintergrund agierten Wigald Boning, Olli Dittrich, Esther

Oben: Der auffällig lustige Mann aus Mülheim an der Ruhr: Helge Schneider – Komiker, Autor, Musiker, Schauspieler, Entertainer, Urheber »cineastischer Machwerke«, – hier 1994 freundlich lächelnd im traditionellen Jahresrückblick des ZDF »Menschen '94«.

Schweins in Sketchen, die sich in den Köpfen der Zuschauer festgehakt haben, etwa »Zwei Stühle – eine Meinung«, »Kentucky schreit Ficken«, »Olliwood« ...

WIE GEHT ES CHARLIE? DENIZ? CARO? UND INGE BUSCH?

Als werbefreundliches Umfeld sind Daily Soaps für Fernsehsender in den 90er Jahren unverzichtbar geworden, wobei sich RTL und Das Erste (wie sich die ARD seit 1994 nennt) die absoluten Spitzenreiter gesichert haben: »Gute Zeiten, schlechte Zeiten« und »Unter uns« laufen seit 1992 bzw. 1994 im privaten Fernsehen, »Marienhof« (seit 1992) und »Verbotene Liebe« (seit 1995) im Ersten. Die jugendlichen Zuseher zieht es mehr zu den durchaus realitätsnahen Beziehungskisten in GZSZ, die älteren zu den Lebensgeschichten der Bewohner im Kölner Stadtteil Marienhof. Wem das alles zu nahe am eigenen Leben ist, der findet in »Verbotene Liebe« alles, was sich hinter der glitzernden Kulisse der Düsseldorfer High Society abspielt: auch nur Intrigen, ungewollte Schwangerschaften, Hass und Eifersucht.

HOLLYWOODS BLOCKBUSTER UND ANDERE LEINWANDSPEKTAKEL

In den mittleren und großen Städten Deutschlands kam es vermehrt zum Zusammenschluss einzelner Kinobetreiber, die in kostengünstig bewirtschafteten Multiplexkinos mit Blockbuster-Programm ihr Patentrezept gegen das Schrumpfen der Branche sahen. Trüffeljäger auf der Suche nach wertvollen Filmen sind ab sofort auf die wenigen kleinen, unabhängigen Programmkinos verwiesen. Und wofür stand die Menge in den 90ern an den Kassen Schlange? Die Traummaschine Hollywood lieferte Saurier, Fantasy, Science-Fiction, Katastrophen und die ewige Liebe, also »Jurassic Park«, »Star Wars«, »Men in Black«, »Armageddon«, »Twister«, »Titanic«. Der cineastische Kultfilm der 90er war Quentin Tarantinos »Pulp Fiction« mit dem Saturday-Night-Fever-Star der 70er Jahre John Travolta in der Hauptrolle. Inmitten dieser Hitparade befand sich Sönke Wortmanns Verwechslungskomödie »Der bewegte Mann«, der mit 6,5 Millionen Zuschauern im Kinojahr 1994 nur vom »König der Löwen« und »Forrest Gump« überflügelt wurde.

Dem deutschen Film war also damals das Lachen nicht vergangen. Im Gegenteil. In der Action-Klamotte »Manta-Manta« (1991) spielten neben Til Schweiger getunte Mantas die Hauptrolle; Helmut Dietls für den Oscar nominierter Film »Schtonk!« (1992) war eine bittersüße Satire über den Medienskandal der gefälschten Hitler-Tagebücher und mit »Rossini oder Die mörderische Frage, wer mit wem schlief« gelang Dietl mit seinem Drehbuchautor Patrick Süskind 1997 etwas Rares: eine deutsche Komödie mit funkelndem Wort- und Bilderwitz. Politisch korrekt oder nicht, witzig ging es auch nach 2000 weiter mit Bully Herbigs Western-Travestie »Der Schuh des Manitu« oder Dani Levys charmanter Culture-Clash-Komödie »Alles auf Zucker!«.

Und noch drei Daten sind an der Jahrtausendwende für die nationale Filmgeschichte festzuhalten: Mit Tom Tykwers »Lola rennt« erhielt 1999 eine neue Generation von Filmemachern den Deutschen Filmpreis, Wim Wenders löste mit seinem Dokumentarfilm »Buena Vista Social Club« eine Welle der Begeisterung für kubanische Musik aus, und Caroline Link erhielt für „Nirgendwo in Afrika« nach einem autobiografischen Roman von Stefanie Zweig 2003 den Oscar für den besten nicht-englischsprachigen Film.

Oben: Die live produzierte Talkshow »Boulevard Bio« lief ab 1991 für zwölf Jahre in der ARD. 2002 fühlte Alfred Biolek auf seine unnachahmlich diskrete und intelligente Art Schriftstellerin Elke Heidenreich und ihrem Exehemann Bernd Schröder auf den Zahn.

Links: Wer hat denn da das Sagen? Die ARD-Polit-Talkshow »Sabine Christiansen« lief von 1998 bis 2007 jeden Sonntag nach dem »Tatort«. Hier rechtfertigt Oskar Lafontaine am 10. Oktober 1999 gegenüber der Moderatorin seinen aufsehenerregenden Rücktritt von allen Ämtern.

Oben: »Matthias glaubt an Engel«, »Ines geht fremd« oder »Uwe findet putzende Männer doof« – Mehr als ein Dutzend Talkshows mit solchen und ähnlichen Themen flimmern täglich über die Bildschirme. Hier Hans Meiser bei der Aufzeichnung seiner RTL-Talkshow am 28. Februar 2000 in Köln inmitten seines Publikums.

Rechts: 1. März 1998: Mit der Gebärde eines Showstars steht Jürgen Fliege vor dem Logo seiner namensgleichen ARD-Nachmittags-Talkshow, die an diesem Tag ihren fünften Geburtstag feierte. Der Pfarrer, der als »einfühlsamster« Talkmaster des deutschen Fernsehens galt, gab sich selbst in seiner Autobiografie den Titel »Menschenflüsterer«.

Unten: Was haben wir da mitgezittert: Dieter Wedel war Autor und Regisseur des fünfteiligen Fernsehthrillers »Der Schattenmann« (1996). Ein hochkarätiges Schauspielerteam unterstützte ihn in dieser ZDF/ORF-Produktion, hier in der hinteren Reihe stehend von links Heinz Hoenig, Heiner Lauterbach, Christine Reinhart, Stefan Kurt und Julia Stemberger, vorne sitzend von links Mario Adorf, Leslie Malton, Jennifer Nitsch und Maja Maranow.

Rechte Seite unten links: Whirlpool ja, Küche nein: Verona Feldbusch im Studio-Appartement ihrer Erotik-Show »Peep«, die zwischen 1995 und 2000 auf RTL2 lief.

Rechte Seite unten rechts: Zehn Jahre lang, tagaus, tagein, befragte Arabella Kiesbauer in den 90ern auf ProSieben ihre Gäste in der Nachmittags-Talkshow »Arabella« – kein Thema war zu unappetitlich.

Rechts: Erfolgsregisseur Dieter Wedel 1997 in München während der Dreharbeiten zu dem Sat1-Mehrteiler »Der König von St. Pauli« mit seiner Lebensgefährtin und Hauptdarstellerin Julia Stemberger.

Links: Helmut Dietls für den Oscar nominierte Erfolgskomödie »Schtonk« (1992) war eine Satire auf die Veröffentlichung der gefälschten Hitler-Tagebücher in der Hamburger Illustrierten »Stern«. Harald Juhnke spielte den Ressortleiter Pit Kummer und Götz George den Skandalreporter Hermann Willé.

Linke Seite unten links: »Lola rennt« (1998) von Regisseur Tom Tykwer gilt als »der« deutsche Film der späten 90er Jahre, ein dynamisch gedrehter Thriller mit Schauplatz Berlin, der das Lebensgefühl dieser Zeit genial einfängt. Hier Schauspielerin Franka Potente als Lola und Moritz Bleibtreu in der Rolle des Manni.

Unten: Gefühlschaos bei Heteros und Schwulen: Sönke Wortmann drehte1994 die deutsche Kinokomödie »Der bewegte Mann« mit den Schauspielern (von links) Joachim Krol, Rufus Beck, Til Schweiger und Katja Riemann. Mit diesem Film verschwand wohl endgültig das Vorurteil, dass die Deutschen keine Komödien machen können.

Rechts: Wim Wenders in Donata Wenders Fotoausstellung »Buena Vista Social Club« (1999) im Berliner »Café Einstein«. Den berühmten gleichnamigen Musikfilm hatte Wim Wenders 1996 produziert.

DAS NEUE JAHRTAUSEND

Zwei Oscars! Und das Fernsehen wird digital

Karriere machen und Geld verdienen vor einem Millionenpublikum

Stolz hält Florian Henckel von Donnersmarck am 25. Februar 2007 in Hollywood den gerade überreichten »Oscar« in den Händen. Ausgezeichnet wurde sein Stasi-Drama »Das Leben der Anderen« als bester nicht englischsprachiger Spielfilm.

In Deutschland besaßen Anfang des neuen Jahrtausends rund 38 Millionen Haushalte mindestens ein Fernsehgerät. Am 1. Januar 2004 startete offiziell das erste europäische HDTV-Projekt: High Definition Television zeichnet sich durch eine erhöhte Bildschirmauflösung aus, also eine noch bessere Bildqualität. Etwas mehr als vier Millionen Zuschauer empfangen heute digitales Fernsehen über Kabel oder Satellit. Bei der Fußballweltmeisterschaft 2006 wurden alle 64 Spiele in HDTV-Qualität aufgezeichnet und in alle Welt übertragen. Der komplette Umstieg soll flächendeckend bis 2010 abgeschlossen sein. Digitale Übertragung, das heißt mehr Kapazität, mehr Programme und vor allem ein Zusammenspiel zwischen Fernsehen, Hörfunk, Mobilfunk und dem Internet. Denn die Grenzen zwischen den digitalen Medien beginnen zu fließen. Nicht Filme und Musik, sondern Spiele sind die Unterhaltungsform der nächsten Generation. Sie machen inzwischen genauso viel Umsatz wie Hollywood-Blockbuster. Opas Fernsehen ist von gestern. Übrigens, ist Ihnen aufgefallen, dass es keine Programm-Ansagerinnen mehr gibt? Dénes Törz sagte im NDR am Silvesterabend 2004 den Kult-Sketch »Dinner for One« an. Das war die letzte Ansage.

Ein Moment ohne Special Effects: Harry Potter (Daniel Radcliffe) am Bahnsteig, in seinem vorläufig letzten Film »Harry Potter und der Orden des Phoenix« (2007). Millionen Leser waren und sind von Joanne K. Rowlings Fantasy-Romanen begeistert. Die Verfilmungen zogen weltweit die Menschen in ihren Bann und brachten Warner Bros. über 4,4 Milliarden US-Dollar ein. Die deutschen Kinos zeigten den Film auf dem größten Kinoformat der Welt, und wer wollte, konnte sich den Showdown zwischen Lord Voldemort und Harry in 3D ansehen.

POLITIK UND GESCHICHTE, ECHT UND GESPIELT

An politischen Debattenrunden ist das deutsche Fernsehen nicht arm. Nicht nur vor Wahlen bekommen die Politiker ausgiebig Sendezeit, um ihre Positionen darzulegen.

Im Jahr 2002 wartete das deutsche Fernsehen mit einer Premiere auf. Im Zuge des Bundestagswahlkampfes gab es das erste TV-Duell zwischen dem Kanzler und seinem Herausforderer. Gerhard Schröder (SPD) und der Kanzlerkandidat der Union Edmund Stoiber (CSU) trafen sich sogar gleich zweimal: einmal bei RTL und Sat.1, ein zweites Mal bei ARD und ZDF.

In den Redaktionsstuben der Sendeanstalten entdeckte man mit Beginn des neuen Jahrtausends die deutsche Geschichte (wieder). »Histotainment« heißt das Zauberwort für Unterhaltung plus Bildungsanspruch. Nicht nur Sendereihen wie »History«, die Guido Knopp für das ZDF entwickelte, sondern auch geschichtliche Dokumentationen, unterhaltsam aufbereitet, werden zu besten Sendezeiten ausgestrahlt und erreichen so ein breites Publikum. Dass die Zeitgeschichte viel Stoff für Fernsehfilme bereithält, bewiesen beispielsweise »Die Luftbrücke« (Sat.1, 2005) über die Berlin-Blockade 1948/49 oder »Contergan« (ARD, 2007) über den verstörenden Arzneimittelskandal der 60er Jahre.

Auch die Filmregisseure greifen in den Themenfundus der deutschen Geschichte: Oliver Hirschbiegel sorgte mit seinem Film »Der Untergang« (2007) für Diskussionsstoff, ob man Adolf Hitler, stupend gespielt von Bruno Ganz, in seinen letzten Tagen im Berliner Bunker so »vermenschlicht« zeigen dürfe. Geschichtliche Ereignisse brachten auch Marc Rothemund mit »Sophie Scholl« (2006) und Uli Edels Verfilmung von Stefan Austs Buch »Der Baader Meinhof Komplex« (2008) auf die Leinwand. Drei Jahre nach Caroline Link gewann auch Florian Henckel von Donnersmarck einen Oscar für seinen anrührenden Film »Das Leben der Anderen« über das Drama eines Gutmenschen, der Stasi-Spitzel ist. Einen amüsiert-ironischen Blick zurück auf das Alltagsleben in der DDR warf Wolfgang Becker mit »Good Bye, Lenin!«. Und Sönke Wortmann spezialisierte sich auf die deutsche Fußballgeschichte, mal die von 1954, mal die brandaktuelle: mit dem »Wunder von Bern« und »Deutschland: Ein Sommermärchen«.

»BIG BROTHER«: FERNSEHEN TOTAL

Gesellschaftlichen Zündstoff brachte RTL2 mit »Big Brother« im Jahr 2000 ins Fernsehen.

9,9 Millionen Besucher sahen Bully Herbigs albern-witzige Parodie »(T)Raumschiff Surprise – Periode 1«. Links der Regisseur, Drehbuchautor und Produzent als Mr. Spuck, rechts Käpt'n Kork (Christian Tramitz), Schrotty (Rick Kavanian) unterzieht sich gerade einem Schwerelosigkeitstest.

Das Drohszenario der totalen Überwachung kippt mit der Livesendung zu voyeuristischer Unterhaltung. Die Show zeigt nichts anderes als die Privatsphäre einer Gruppe von Menschen, die in einem Wohncontainer eingeschlossen lebten, rund um die Uhr von Fernsehkameras beobachtet. Aktuelles Reality-TV, immer mit der Frage im Hintergrund, ob denn das alles wirklich wahr sein kann, offerieren »Die Super Nanny«, »Girlscamp«, »Dschungelcamp« …

Die alte Theaterkunst der Improvisation bringt Olli Dittrich sehenswert ins Fernsehen: Seit 2004 geht er, in der Rolle des Arbeitslosen Dittsche, jeden Sonntagabend in dessen Stammimbiss am Eppendorfer Weg 172 in Hamburg. Bekleidet mit Bademantel und Pantoffeln, stets mit einer Flasche Bier in der Hand, sinniert er an der Theke über sein Leben und aktuelle Ereignisse. Dittrich improvisiert live, ohne Drehbuch, ähnlich wie bereits in der legendären, mit dem Grimme-Preis ausgezeichneten Sendung »Blind Date«, in der er mit Anke Engelke in vorher nicht abgesprochenen Rollen zusammentraf.

KRIMIS ÜBERFLUTEN DIE KANÄLE

Die Klassiker des Genres im öffentlich-rechtlichen Fernsehen laufen nun schon seit Jahrzehnten (»Tatort«, »Polizeiruf 110«, »Der Alte« usw.), doch die Krimi-Serien der Privaten können in der Publikumsgunst durchaus mithalten (»Der Bulle von Tölz«, »Wolffs Revier«), und die dritten Programme zeigen darüber hinaus noch Krimis mit Lokalkolorit – etwa der NDR mit »Großstadtrevier«. Dennoch legte das ZDF eine ganze Reihe von neuen Serien auf, wie »Das Duo« oder »Kommissarin Lucas«, um nur zwei zu nennen. Alle funktionieren nach dem bewährten Muster. Anders verhält es sich mit der neuen ZDF-Krimi-Reihe »KDD – Kriminaltechnischer Dauerdienst« (seit 2007). Hier ermitteln unkonventionelle gebrochene Charaktere, »Helden ohne Heldenbild«, »Kommissare ohne Trenchcoat ums Herz und Hut auf der Seele«, wie es in der Begründung zum Grimme-Preis 2008 heißt.

»UNTERBRECHEN SIE MICH NICHT!«

In den deutschen Talkshows kann der geneigte Fernsehzuschauer seit Jahren den Niedergang einer zivilisierten Gesprächskultur miterleben. Das betrifft nicht nur die Quasselstrippen im Nachmittagsprogramm, sondern durchaus auch die Polit-Talk-Sendungen, die von Politikern jedweder Couleur zur Plattform für Parteipropaganda und zur Selbstdarstellung genutzt werden (»Christiansen«, bis 2007, »Anne Will« seit 2007, »Maybrit Illner«, seit 1999). Mit vielleicht einer Ausnahme: »Hart aber fair«, seit 2001 beim WDR und seit 2007 im Hauptprogramm der ARD, zeigt den Teilnehmern, wer hier das Sagen hat. Nämlich Frank Plasberg. Und der hält sich an das, was der Titel der Sendung verspricht.

Sehr menschlich geht es zu bei den Talkshows, in denen ein zumeist prominenter Besucher vom Gastgeber ins Gebet genommen wird. Mit »Boulevard Bio« hatte Alfred Biolek von

»Die Filme von uns waren noch poetischere Würfe. In den heutigen spielt die Wirklichkeit eine ganz andere Rolle.«

HANNA SCHYGULLA, DIE WELT, 22.11.2005

Eine taufrische Kultfigur aus den 80er Jahren: Das 15. »Schimanski«-Solo lief im Sommer 2008 in der ARD. Der Duisburger Tatort-Kommissar wird nach wie vor von Götz George gespielt, an seiner Seite seine Lebensgefährtin Marie-Claire (Denise Virieux).

1991 bis 2003 in der ARD die wohl kultivierteste und diskreteste Form eines persönlichen Gesprächs vor laufender Kamera etabliert. Die Talkmaster-Stars der Jetztzeit sind Johannes B. Kerner (im ZDF seit 1998) und Reinhold Beckmann (in der ARD seit 1999), die, wohlinformiert und mit viel Einfühlungsbereitschaft, aus ihren Gästen Persönlichstes hervorzukitzeln versuchen: »Entschuldigung, ich muss das jetzt fragen«.

Damit es beim Talken nicht nur bloß ein Glas Wasser gibt, schwingen die Gäste anderer Shows neuerdings den Kochlöffel. Alfred Biolek schaltete in »Alfredissimo« als Erster die Herdplatte ein. Seitdem machen immer neue Fernsehküchen auf. Bis dato konkurrieren auf allen Kanälen an die dreißig Kochshows um die Zuschauer, lecker, perfekt, unter Volldampf!

RATEN, SINGEN, MODELN FÜR ALLE

Günther Jauch ist der Rateonkel der Nation, und seine RTL-Sendung »Wer wird Millionär?« kann sich vor Kandidaten nicht retten. Denn mit einer breiten Allgemeinbildung, etwas Glück, guten Nerven und schlau gesetzten Jokern kann man sich ein hübsches Zubrot verdienen. Und damit nicht alles zur Verwirklichung privater Wunschträume abgeräumt wird, setzen sich hin und wieder Prominente auf den heißen Stuhl und raten für den guten Zweck. In der ARD können Kandidatenpaare beim »Quiz mit Jörg Pilawa« die Gewinnstufen hinaufklettern, im besten Fall auf 300 000 Euro.

Du träumst davon, ein Showbiz-Star zu werden? Oder ein Top-Model? Tausende Jugendliche, die sich bei Casting-Shows bewerben, träumen diesen Traum und wagen sich weit vor. Durchschnittlich fünf Millionen Menschen schauen zu, wenn sich in »Deutschland sucht den Superstar« (DSDS) die Ausgewählten bemühen, Dieter Bohlen und dem Publikum zu gefallen. Damit erreicht RTL 32,4 Prozent Marktanteil in der werberelevanten Zielgruppe der 14- bis 49-jährigen Zuschauer. Bis zu 75 000 Euro kostet ein 30 Sekunden langer Werbespot, etwa 25 Millionen Zuseher greifen pro Staffel zum Hörer, um für ihren Lieblingskandidaten zu stimmen, das macht insgesamt bei 49 Cent pro Anruf 12,25 Millionen Euro. Es scheint, die gigantische Geldmaschine spuckt Münzen in erster Linie in Richtung Sender und Produzenten aus. Denn zu einem echten Superstar ist mit der Sendung noch keiner geworden.

18 000 Bewerberinnen: Bei der seit 2006 veranstalteten Pro7-Castingshow »Germany's Next Topmodel« (GNTM), die von dem Supermodel Heidi Klum moderiert wird, winkt der Siegerin ein Werbevertrag bei einer Agentur. Dafür unterwerfen sich die Möchtegernmodels nur zu gerne dem eisernem Drill des Catwalk-Trainings und allerlei spöttischen Bemerkungen.

Nur einer will mit all dem nichts mehr am Hut haben: Marcel Reich-Ranicki holte vor großem Publikum bei der Gala anlässlich der Verleihung des ZDF-Fernsehpreises 2008 aus: Der mittlerweile 88-jährige Starkritiker, Literaturpapst und Grantler von hohen Graden nannte das zeitgenössische Fernsehen bei dieser Gelegenheit schlicht und einfach einen »Blödsinn«.

„Alles ist in einem riesigen Gärungsprozeß“

Filmschauspielerin Hanna Schygulla über Angela Merkel, den neuen deutschen Film und was von 68 übrig blieb

Vor rund 20 Jahren drehte sie ihren letzten großen deutschen Film. Jetzt ist die Fassbinder-Schauspielerin, die nicht als Fassbinder-Schauspielerin im Museum enden will, nicht nur mit ihrem Chansonprogramm unterwegs, sondern in Till Franzens Film „Die blaue Grenze“ auch wieder im Kino zu sehen. Mit Hanna Schygulla sprachen Elmar Krekeler und Hans-Jörg Schmidt.

„Wir haben das Maul schon ziemlich weit aufgerissen“, sagt Hanna Schygulla über ihre Generation. Nach einer Pause will sie jetzt wieder beim deutschen Film dabei sein

FOTO: GETTY IMAGES

DIE WELT: *Heute wird Angela Merkel zur ersten deutschen Kanzlerin gewählt. Haben Sie so etwas wie Frauensolidarität mit ihr?*
Hanna Schygulla: Überhaupt nicht. Ich finde es toll, daß, abstrakt gesehen, eine aus dem Osten an die Macht kam, noch dazu eine Frau. Aber wenn ich mir die Frau angukke – sie gefällt mir nicht.

DIE WELT: *Nun glauben manche, mit der Schröder-Regierung werde auch 68 zu Grabe getragen. Wenn es so wäre, bedauerten Sie das?*
Schygulla: Bedauern? (stimmt lachend Piafs „Non, je ne regrette rien“ an) Ich weiß nicht. Bei Schröder wurde viel herumgedoktert, da gab es keine großen Würfe. Ich hatte immer mal erwartet, daß einer von denen sagt, wo die Gesellschaft angekommen ist und daß man mit kleinen Pflästerchen nicht mehr weiterkommt. Die Politiker haben sich im Pragmatismus verloren und nicht gemerkt, daß sie doch eine Chance haben, Visionen zu wagen. Aber vielleicht sind einzelne damit auch überfordert.

DIE WELT: *Wie ist denn Ihr Verhältnis zur 68er Generation.*
Schygulla: Wir haben das Maul schon ziemlich weit aufgerissen, manches überhaupt nicht kapiert und uns in manchem auch ganz furchtbar geirrt. Was Mao angeht etwa. Da hat sich die Monstrosität erst später entpuppt. Aber wir haben uns zu Recht aufgeregt über das Ende des Prager Frühlings oder über das, was 1956 in Ungarn passiert war. Da war schon klar, daß der Kommunismus, so wie er gelebt wurde, faschistoide Züge hatte.

DIE WELT: *Sie leben in Paris. Da wird es jetzt allmählich ruhiger. Gelöst sind die Konflikte nicht. Kann es eine Lösung geben?*
Schygulla: Die Jugendlichen müssen vor allem das Gefühl bekommen, daß sie kreativ an ihrer Gesellschaft beteiligt sind. Man kann sie nicht wie menschlichen Abfall behandeln. Es hat keinen Zweck, diese Menschen zu beschimpfen. Es hat aber auch keinen Sinn, weitere Milliarden in Zäune zu investieren, um Menschen aus der Dritten Welt daran zu hindern, nach Europa zu kommen. Man muß in Afrika selbst etwas tun, damit die Menschen dort auf die Beine kommen. Generell scheint mir das ganze Weltschiff am Kentern zu sein, wenn man diese Dinge nicht in den Griff bekommt.

DIE WELT: *Gibt's denn nicht auch was Positives. Die Wende etwa?*
Schygulla: Alles ist in einem riesigen Gärungsprozeß. Gewonnen hat vor allem Berlin. Und, um mal in mein Metier zu gehen, die guten Theatermacher, die kommen aus dem Osten. Ähnlich ist es beim Film. Die großen Potentiale stammen von dort. Wir waren satt und verwöhnt.

DIE WELT: *Ihr letzter großer deutscher Film vor „Die blaue Grenze“ entstand vor mehr als 20 Jahren. Warum diese Pause?*
Schygulla: Einmal lag's daran, daß ich sozusagen als Fassbinder-Ikone im Film-Museum untergebracht worden war.

DIE WELT: *Ein bißchen früh ...*
Schygulla: Ein bißchen sehr früh. Das galt aber mehr fürs Inland als fürs Ausland. Und außerdem war ich intensiv mit Altenpflege beschäftigt von 1987 bis jetzt.

DIE WELT: *Altenpflege?*
Schygulla: Meine Eltern. Erst meine Mutter, dann mein Vater. Ich hab in der Zeit meinen Kindertraum verwirklicht, zu singen. Ich bin mit verschiedenen Musikprogrammen auf Tournee gegangen, weil ich damit unabhängiger war und die Arbeitsphasen so kurz halten konnte, wie ich das mußte. Und dann war ich nach 25 Jahren Film auch drehmüde. Ich wollte kreativer sein, als ich es beim Film sein konnte. Denn Film ist ja zu 80 Prozent Warten. Und für dieses lange Warten hatte ich weder die Zeit noch die Geduld.

DIE WELT: *Warum „Die blaue Grenze“?*
Schygulla: Till Franzen hat mir einfach sein Drehbuch zugeschickt. Und mir hat der besondere Ton darin gefallen. Es hat mich überrascht, daß sich ein so junger Mensch so intensiv mit dem Thema Tod beschäftigt. Und daß in dem Drehbuch so viele kleine Beobachtungen steckten. Daß es auf der einen Seite so ein entgrenztes Thema hat: warum begegnen sich zwei zu einem bestimmten Zeitpunkt, warum verlieben die sich, obwohl sie unter normalen Umständen sicher nicht aufeinander fliegen würden, wie entsteht so eine Empfindlichkeit füreinander. Und daß es auf der anderen Seite sehr viel Lokalkolorit hat. Man merkt, daß Till Franzen dort an der Grenze zu Dänemark aufgewachsen ist, daß er die Welt dort kennt, sie mag und sie ganz in ihrer Welt schildert. Das ist es doch, wovon man redet, wenn man vom europäischen Film redet. Daß es diese Spannung geben muß: Daß man einerseits nicht untergehen lassen sollte, was es in Europa an Verschiedenheiten gibt, und andererseits ein Thema finden muß, das über die Grenzen hinausgeht.

DIE WELT: *Nun gibt es wieder einen neuen deutschen Film. Worin unterscheidet er sich vom neuen deutschen Film von damals?*
Schygulla: Die heute legen nicht mehr soviel Wert auf die Schönheit der Kameraeinstellung. Die Kameras sind leichter geworden, das Filmen ist billiger. Und man kommt viel näher ran an die Wirklichkeit, ohne sie zu verfremden. Die Filme von uns waren noch poetischere Würfe. In den heutigen spielt die Wirklichkeit eine ganz andere Rolle. „Die fetten Jahre sind vorbei“ zum Beispiel. Über den kann man jetzt nicht wirklich sagen, daß es da eine große ästhetische Anstrengung gibt, tolle Kamerafahrten, großartige Einstellungen. In dem geht es mehr darum zu verfolgen, wie ideologischer, utopischer Samen aufgeht in verschiedenen Zeiten und wie sich Utopien, soziale Träume und auch Enttäuschungen fortpflanzen.

DIE WELT: *Ist „Die blaue Grenze“ eine Ausnahme?*
Schygulla: Das ist jetzt keine Rückkehr mit Pauken und Trompeten. Vielleicht kommt ja später noch eine Hauptrolle, eine Altersrolle. Jetzt setze ich damit ein Zeichen, daß ich dabei sein will, meine Farbe dazugeben will.

DIE WELT: *Wozu?*
Schygulla: Dazu, daß es wieder einen interessanten, jungen deutschen Film gibt, daß die Jungen jetzt wieder kommen. Das ist schön. Und daß sie auch zu mir kommen. Gerade hat mir Fatih Akin sein neues Exposé geschickt. „Auf der anderen Seite des Lebens“ heißt das. Und ich soll eine von sieben Hauptpersonen spielen. Schön ist vor allem, daß ich für die nicht bloß als historischer Faktor existiere, sondern als jemand der wieder vorkommen kann im jetzigen Kino. Und komischerweise seitdem mein Vater gestorben ist, seit sechs Wochen, kommt – obwohl das eigentlich niemand gewußt hat – viel auf mich zu. Sowohl im Film als auch im Theater, und auch da sind es wieder ganz Junge, mit denen ich arbeite. Im kommenden Jahr werde ich wohl zwei bis drei Filme machen und auch Theatersachen. Das hätte ich mir, solange mein Vater gelebt hat, zeitlich gar nicht erlauben können. Und jetzt hat sich, als hätte das jemand mit dem Zauberstab herbeigerufen, soviel getan. Nicht, daß ich überhaupt soviel machen möchte, eigentlich.

DIE WELT: *Aber schön ist's schon ...*
Schygulla: Schön ist schon, ja.

DIE WELT: *Und seltsam. Fast wieder ein Thema für „Die blaue Grenze“. Als hätte da oben jemand gesagt, das ist jetzt genau die richtige Rolle für Hanna Schygulla.*
Schygulla: Ja. Vielleicht bin ich für dieses Thema leicht eingestimmt gewesen, weil ich das in meinem Leben auch immer beobachte. Die Macht des Zufalls. Der ja gar nicht blind ist. Der ist eher wie eine Hieroglyphenschrift, die wir nicht ganz entziffern können, aber immer auf magische Art auf das antwortet, was an innerer Bereitschaft sich angesammelt hat.

DIE WELT: *Glauben Sie eigentlich?*
Schygulla: Ja. Aber ich weiß nicht an was.

DIE WELT: *Das reicht ja schon.*
Schygulla: Das Wachsein und Kritischsein, sich nicht einlullen zu lassen, das hab ich ja mit der 68er-Muttermilch eingesogen. Aber ich halte auch viel vom Glauben, weil Glauben ein Herbeirufen ist und es auch andere Wirklichkeiten gibt, als dieses „Money makes the world go round“. Ich vertrau mich in erster Linie dem Zufall an. Auch im Umgang miteinander. Ich glaube, daß es sehr viel fruchtbarer ist, aneinander zu glauben, als es nicht zu tun. Auch auf die Gefahr hin, daß man enttäuscht wird.

DIE WELT: *Glauben Sie, daß es da einen gibt, der die Wege lenkt?*
Schygulla: Daß es eine Person ist, nein. Aber daß da etwas ist, das glaube ich schon.

Hanna Schygulla

wurde 1943 in Kattowitz geboren. 1945 kam sie mit ihrer Mutter nach München. Sie studierte Germanistik und Romanistik in München, nahm nebenbei Schauspielunterricht und lernte dabei Rainer Werner Fassbinder kennen. Hanna Schygulla wurde Fassbinders Lieblingsschauspielerin. Für die Hauptrolle in „Die Ehe der Maria Braun“ erhielt sie den Bundesfilmpreis und den Silbernen Bären in Berlin. Sie drehte unter anderen mit Wim Wenders, Jean-Luc Godard und Andrzej Wajda. Seit den achtziger Jahren ist sie mit Musikprogrammen auf Tournee. Ab Donnerstag ist sie in Till Franzens Film „Die blaue Grenze“ im Kino zu sehen.

Fortsetzung von Seite 27

Daß dieser der neuen Kanzlerin auf dem politischen Parkett jedoch so wenig nützen würde, dürfte selbst ihr noch neu gewesen sein. „Ich bin eine Frau, bleibe eine Frau – und werde das nicht vergessen.“ Was man zu Beginn des neuen Jahrtausends alles sagen muß, um als Frau Politik machen zu können. Sätze der letzten Woche, die erahnen lassen, was für ein Geschichtsknoten mit der heutigen Wahl zerschlagen werden mußte.

Die Märchenerzählerin setzt zum Schluß-Spurt an. Auf ihrem Gesicht spiegeln sich die Folien einer Verwandlungsgeschichte. Sie erzählen von der Einsamkeit eines Mädchens, dem weiten Himmel überm Dach, dem Klau der beiden Brüder, der großen, dunklen Kammer, den dikken Kröten des Vaters, des Königs, des kleinen, dummen Zwergs und schließlich von der Atemlosigkeit des Läufers, der den Namen bringt. Das Ganze wird gut ausgehen, der Spuk zerreißt sich selbst, sonst wäre es kein Märchen. Die Schöne verteidigt ihr Kind, will sagen ihr Land, gegen alles und jeden, spricht seit Neuestem von der Unvorhersehbarkeit der Politik wie von einer Leidenschaft und schreibt sich den eigenen Verwandlungstext endlich öffentlich selbst. Ach, wie gut.

Die DVD „Hänsel und Gretel“, auf der Prominente Märchen lesen, erschien bei Reader's Digest.

Architektur vor Gericht

Urteil im Musterprozeß: Meinhard von Gerkan verklagte die Bahn, weil sie seinen Berliner Hauptbahnhof verändert hat

VON RAINER HAUBRICH

Die Hüter der deutschen Baukultur sind aufs Höchste alarmiert: In Berlin drohe „das größte Desaster, das die Bahn den Bürgern jemals zugemutet hat“, warnt der Kunsthistoriker Horst Bredekamp, „ein Unheil für das Gesicht Berlins und die jüngere Baukunst“. Ein bisher kaum gekannter Sturm der Entrüstung fegt durch die Feuilletons.

Ausgelöst hat ihn die scheinbar nachrangige Frage, wie im Untergeschoß des neuen Berliner Hauptbahnhofs die Decken über den Bahnsteigen gestaltet werden sollen. Ein „neogotisch“ inspiriertes, modernes Kreuzgratgewölbe wollte das Büro von Gerkan, Marg & Partner (gmp) zwischen die Pfeiler spannen. Das schien der Bahn zu teuer, weshalb sie ein anderes Architektenbüro mit einem simpleren Ausbau beauftragte: Flachdecken und Neonröhren sollen jetzt den Besucher empfangen.

Schon eine Weile zurück liegt die Verkürzung des weithin sichtbaren Glasdaches um ein Drittel, die der neue Bahnchef Hartmut Mehdorn als eine seiner ersten Amtshandlungen vornahm. Die Proportionen des Kolosses sind dadurch empfindlich gestört, abgesehen von dem unschönen Nebeneffekt, daß die Passagiere der ersten Klasse künftig ohne Wetterschutz den Bahnsteig der Hauptstadt betreten werden. Deshalb war für gmp nach dem aktuellen Fall der Deckengestaltung das Maß voll: Das erfolgreichste deutsche Architekturbüro klagte unter Berufung auf das Urheberrecht und forderte die Umsetzung des ursprünglichen Entwurfs. Heute will das Landgericht Berlin sein Urteil verkünden.

Es geht in der Tat um einen Musterprozeß in Sachen Architekten-Urheberrecht. Beide Veränderungen – das Glasdach mehr als die Decken – beschädigen ohne Zweifel den großartigen Entwurf. Steht aber deshalb die gesamte deutsche Baukultur auf dem Spiel?

Man sollte den Fall nicht kleinreden und auch den Mut nicht, mit dem Meinhard von Gerkan einen der mächtigsten Bauherren des Landes herausfordert, wissend, daß dieses Beharren auf dem eigenen Qualitätsanspruch seine Chancen bei künftigen Großprojekten mindern könnte. Der Schlachtenlärm aber, mit dem die Architektur-Publizistik den Streit begleitet, scheint dann doch reichlich übertrieben.

Denn daß ein renommierter Architekt wie Meinhard von Gerkan den neuen Zentralbahnhof der Hauptstadt bauen durfte und nicht irgendein kommerzielles Büro eine Shoppingmall über die Gleise stülpte, ist ein Ausweis von Baukultur. Zum anderen sind beide beklagten Veränderungen zu einem späteren Zeitpunkt durchaus zu korrigieren. Die fehlenden Stahl- und Glaselemente des Bahnhofsdaches lagern in Berlin und könnten eines Tages doch noch montiert werden, das gleiche gilt für das vereinfachte Hallendach im Unterschoß.

Gerkans Glashalle kürzte die Bahn um ein Drittel. Damit fing der Streit an. Im Mai soll Berlins neuer Hauptbahnhof im Spreebogen fertig sein

FOTO: PA/ZB

Und wenn schon das Argument angeführt wird, der Hauptbahnhof sei eine Visitenkarte für das gesamte Land, sollte man doch anerkennen, daß für den ersten Eindruck von der Hauptstadt das Stadtviertel rund um den Bahnhof noch wichtiger ist als die Deckengestalt über den unterirdischen Bahnsteigen. Wer künftig vom Berliner Hauptbahnhof in Richtung Regierungsviertel schaut, erblickt eine durchaus imposante Trias aus Reichstagskuppel, Potsdamer Platz und Kanzleramt.

Bedauerlicher noch als die Verkürzung des gläsernen Daches ist die völlige Isolation des Bahnhofs in einer Art Niemandsland, für die derzeit allerdings vor allem die schleppende Konjunktur verantwortlich ist. Denn den Masterplan für das Bahnhofsviertel gibt es schon längst. Vielleicht sollten sich die Kritiker auch diesen Friedhof von Riesenkuben noch einmal ansehen.

Und wann haben die Hüter der Baukultur eigentlich zuletzt die Anlage des Spreebogens kommentiert, in dem Axel Schultes mit seinem siegreichen „Band des Bundes“ eine Ödnis programmierte, die die heute so bemängelte Isolation des Hauptbahnhofs noch verstärkt? Haben die feinfühligen Ästheten jemals die groteske Straßenführung am Kanzleramt beschrieben, das man auf unabsehbare Zeit wie auf einer Dauerbaustelle umkurven muß?

Schultes' „Band des Bundes“ ist bis heute nicht vollendet, an der Stelle des geplanten „Bürgerforums“ zwischen Kanzleramt und Löbe-Haus dekorieren Bäume und Wasserfontänen die Leere, an der Wilhelmstraße verhindert Abstandsgrün den Anschluß zur Stadt. Wem es um die Selbstdarstellung der Republik geht, fände hier größere Aufgaben als die Dekken in den Tiefen des Hauptbahnhofs.

Orgien-Hofrat: Hermann Nitschs Blut-Spiele an der Wiener Burg

VON ULRICH WEINZIERL

Na endlich: Er hat es geschafft. Freilich erst im 122. Anlauf. 1962 fand die Ur-Kreuzigungsaktion von Hermann Nitsch in einer Wohnung statt. Damals forderte der ungestüme jugendliche Meister, das Burgtheater zu schließen und die dadurch frei werdenden Bundesmittel in den Bau seines „Orgien Mysterien Theaters“ zu stekken. Nun ist Nitsch, dem in Kürze der Große Österreichische Staatspreis verliehen wird, als später Triumphator in den Musentempel eingezogen. Direktor Bachler und Österreichs republikanisches Jubiläumsjahr machten's möglich.

Bei der 122. Aktion von Hermann Nitsch in der „Burg“ wurden wir Zeugen einer Art Neuweihe des Hauses. Was in Galerien, Kunstakademien und vor allem in Nitschs Schloß Prinzendorf bis zum Exzeß seines Sechstagespiels erprobt worden war, feierte fröhliche Urständ', seine Theater-Premiere und Dernière in einem.

Das Konzept, man muß wohl eher von Ritual sprechen, scheint unverändert. Mit einer Ausnahme: Seitdem ihm Ioan Holender die zugesagte „Parsifal“-Inszenierung an der Wiener Staatsoper verweigerte und Bayreuth schnöderweise Christoph Schlingensief den Vorzug gegeben hatte, weidet der gekränkte Nitsch zusätzlich den Parzival-Mythos in Eigenregie aus. Maibaumlange Riesenlanzen gehören jetzt zum Instrumentarium des pseudosakralen Spiels.

An nichts wurde gespart. 90 Akteure, ein 70köpfiges Orchester, 60 Chorsänger, eine Blasmusikkapelle, vier tote Schweine und ein ebensolcher Stier treten auf. Als unerläßliche Zutaten dienen 500 Liter Blut sowie mehrere Zentner Innereien, Tomaten, Weintrauben. Hermann Nitsch, der Oberpriester, trägt als Zeichen seiner Würde ein Trillerpfeifchen um den Hals. Die Detailarbeit des Lenkens der weißgewandeten Kohorten überläßt er, kein Wunder, Subregisseuren. Mittlerweile gleicht er weniger einem selbsternannten Erlöser als einem Orgien-Hofrat, dem Vorstandsvorsitzenden der Nitsch-Mysterien AG.

Auch das Burgtheater hat sich, zum Schutz der historischen Substanz, verwandelt. Nach dem Prinzip Ganzkörperkondom wurden die Sitzreihen mit weißem Stoff und die heiklen Foyers mit Plastikplanen abgedeckt, weshalb keine rechte Schlachthofstimmung aufkommen will. Statt dessen: sterile Operationssaalatmosphäre. Das Aufsichtspersonal hat vornehmlich die Aufgabe, unbefugtes Photographieren und Filmen zu verhindern: Die Nitsch-Konzernverwertungskette darf nicht durchbrochen werden.

Leider läßt das Dionysische im Publikum sehr zu wünschen übrig, nicht zuletzt mangels Gratisausschank von Wein. Schnitzel und Getränke haben gesalzene Preise. Mag sein, daß das fast acht Stunden währende Spektakel durch die ungewohnte Theatersituation seine Aura verliert, besonders bieder und leblos wirkt; noch toter wäre bereits verwest.

Die bemühte Inszenierung des Archaischen hat eine buchstäblich primitive Seite, die ewige Wiederkehr des Gleichen zieht hier nicht in ihren Bann, sie ödet an. Wahrscheinlich beruht das Ganze auf einem Mißverständnis: Das „Orgien Mysterien Theater“ sollte lieber „Orgien Mysterien Therapie“ heißen. Denn einzig und allein die Mitwirkenden, wenn sie genug in Gedärmen gewühlt haben, nackt gemeinsam mit Tierkadavern ans Kreuz gebunden und mit Blut gelabt und bespritzt worden sind, erhalten die Chance, einen ekstaseähnlichen Entrückungszustand zu erreichen. Den Zuschauer indes befremdet das Geschehen, ohne ihn zu berühren. Die Mischung aus zermantschtem Gralsgetue und Blutpimmeln ist leicht unappetitlich, die Geruchsbehelligung trotz Einsatz von Weihrauchschalen beträchtlich.

Was diese Nitsch-Aufführung vor anderen jedoch auszeichnet, ist die hohe Qualität der „Jungen Philharmonie Wien“ unter dem Dirigenten Andrea Cusumano. Abgesehen von einem in sämtlichen Räumlichkeiten zu vernehmenden lästigen Tinnitus-Dauerton sorgt das Orchester für ordentliches Bruckner-Brausen und Wagner-Wabern. Das Finale in ohrenbetäubendem C-Dur gerät dann zum stampfenden Maische-Tanz rund um den toten, sachgerecht zerlegten Stier, verschärft durch einige Kübel verschütteten Blutes. Merkwürdig, wie profan und nüchtern die Kulthandlung in der Nitsch-Partitur ausklingt. Der emeritierte Dionysos aus Österreich schreibt schlicht „RUGBYsituation“ vor.

Oben: Perfektes Infotainment: Das Staunen steht bei Wissenschaftsredakteur und Moderator Ranga Yogeshwar im Vordergrund. In seiner ebenso informativen wie anschaulichen ARD-Sendung »W wie Wissen« nahm er ab 2006/2007 seine Zuschauer auf Entdeckungsreise in verschiedene Welten mit.

Unten: »Alfredissimo!« In seine unterhaltsame Kochsendung lud Alfred Biolek (rechts) prominente »Gastköche« ein. Hier unterhält er sich mit Gesundheitsapostel und Bestsellerautor Hademar Bankhofer.

Oben rechts: Gerd Anthoff (links), Friedrich von Thun (Mitte) und Ottfried Fischer als Benno Berghammer in einer Szene aus »Der Bulle von Tölz«. Seit 1996 war Benno, der bei seiner Mutter Resi (Ruth Drexel) wohnt, in Oberbayern für Sat1 Gaunern auf der Spur.

Rechte Seite: »Wer wird Millionär?«, fragen sich seit 1999 drei Mal in der Woche Zuschauer und Moderator Günther Jauch. Von der erfolgreichen RTL-Quizshow gibt es hin und wieder auch Specials mit Prominenten, die ihren Gewinn sozialen Einrichtungen spenden. Den Vogel schoss dabei wohl Hape Kerkeling alias Horst Schlämmer im Juni 2006 ab, als er mit Jauch schließlich den Platz tauschte.

MILLION

Oben: »Good Bye Lenin!« (2003) – Die deutsch-deutsche Vergangenheitsbewältigung nahm Regisseur Wolfgang Becker von der heiteren Seite. Mehr als sechs Millionen Besucher amüsierten sich darüber, wie ein treu sorgender Junge (Daniel Brühl) seiner nach 1989 aus dem Koma erwachten Mutter (Katrin Saß) vorgaukelt, die DDR existiere noch.

Unten: Marc Rothemunds kammerspielartiges Kinodrama »Sophie Scholl – Die letzten Tage« wurde 2006 für einen Oscar als »Bester fremdsprachiger Film« nominiert und die Hauptdarstellerin, Julia Jentsch, mit dem Europäischen Filmpreis ausgezeichnet.

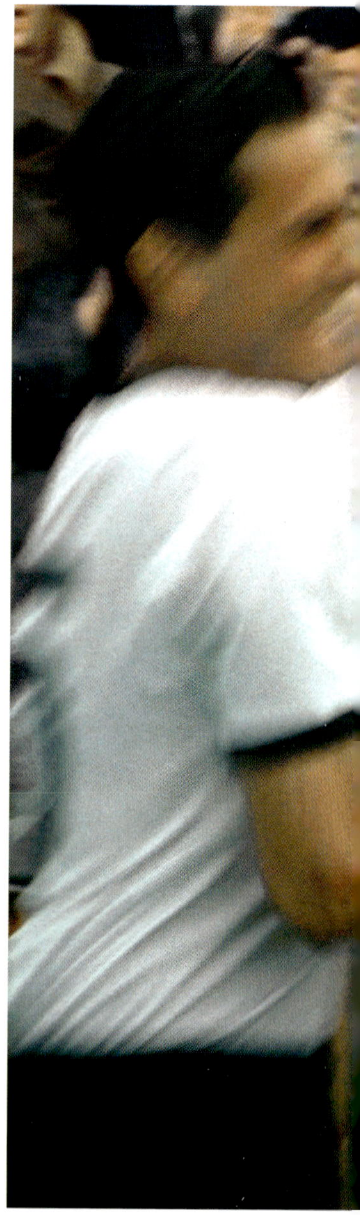

Oben: Sönke Wortmann drehte 2003 in seinem Fußballfilm »Das Wunder von Bern« nach: Dass die deutsche Nationalmannschaft mit Sepp Herberger 1954 Weltmeister werden sollte, hatte niemand vorausgeahnt. Alle Schauspieler, die im Film die deutschen bzw. ungarischen Fußballer darstellen, haben tatsächlich mindestens in der Oberliga Fußball gespielt; den Schützen des entscheidenden Tors, Helmut Rahn, spielte Sascha Göpel (zweiter von rechts).

Rechts: Szenenbild aus »Der Untergang«: General Burgdorf (links, Justus von Dohnanyi), der stellvertretende Chef des Heerespersonalamtes, und Adolf Hitler (Bruno Ganz). Regisseur Oliver Hirschbiegel versuchte in seinem Film von 2007, die letzten Tage im Leben Adolf Hitlers im Führerbunker zu rekonstruieren.

Oben: Für Diskussionen sorgt die RTL-Castingshow »Deutschland sucht den Superstar«. Die Talenteshow, in die begabte wie unbegabte Kandidaten ihre Hoffnung setzen, wurde 2002 im deutschen Fernsehen ausgestrahlt. Hier die Jury (von links) mit Dieter Bohlen, Anja Lukaseder und Andreas Läsker beim Finale 2008 im Coloneum in Köln.

Unen: Heidi Klum sucht auf ProSieben gemeinsam mit Laufstegtrainer Bruce Darnell »Germany's Next Topmodel«. 2007 wurde der 20-jährigen Mathematikstudentin Barbara Meier (rechts) attestiert, dass sie das Zeug zum internationalen Star hat.

Unten: Intrigen und Romanzen in Schloss Glücksburg: Die blaublütige Hochglanz-Soap im ZDF »Der Fürst und das Mädchen« (3 Staffeln mit 39 Episoden, produziert 2002–2007) hat eine große Fangemeinde. Im Bild die Hauptprotagonisten: der alte Friedrich Fürst von Thorwald (Mitte, Maximilian Schell), der einen männlichen Erben braucht; links neben ihm seine junge, scheinbar bürgerliche Frau Ursula (Rike Schmid), links neben ihr ihre Mutter Andrea Jonasson als Christine Duchess of Stoneham. Daniela Ziegler spielt Thorwalds böse Schwester Beate (rechts), neben ihr Sohn Benjamin (Wanja Mues).

»Es ist einfach das Erlebnis der Selektion, die Lust an der Auswahl. Dem Zuschauer wird suggeriert, dass er gottgleich darüber entscheiden kann, ob der Kandidat zum Superstar wird oder als namenlose Niete zurück nach Bottrop geschickt wird.«

NORBERT BOLZ, MEDIENWISSENSCHAFTLER 2008

DIE AUTOREN

Rüdiger Dingemann (1951) und Renate Lüdde (Jahrgang 1955) wurden in Braunschweig geboren. Beide leben heute in Oberbayern und arbeiten als Sachbuchautoren sowohl für Print- als auch für Online-Medien. Renate Lüdde studierte Architektur. Der gelernte Verlagsbuchhändler Rüdiger Dingemann studierte Germanistik und Geschichte. Er arbeitete mehrere Jahre als Lektor und war Chefredakteur für die Microsoft Encarta Enzyklopädie. Beide haben bereits eine Vielzahl von Titeln zu zeitgeschichtlichen Themen veröffentlicht.

BILDNACHWEIS

Cinetext, Frankfurt am Main, S. 93
WDR, Köln: S. 19 o.; Archiv DIE WELT, Berlin: S. 15, 29, 40, 57, 71, 85.

Alle anderen Abbildungen entstammen dem Archiv der Picture Alliance/dpa, Frankfurt am Main. Mehr unter: www.picture-alliance.com.

IMPRESSUM

Alle Angaben dieses Bandes wurden von den Autoren sorgfältig recherchiert und vom Verlag auf Stimmigkeit und Aktualität geprüft. Allerdings kann keine Haftung für die Richtigkeit der Informationen übernommen werden.
Für Hinweise und Anregungen sind wir dankbar. Zuschriften an den:
C. J. Bucher Verlag, Produktmanagement,
Postfach 40 02 09, D-80702 München,
E-Mail: lektorat@bucher-verlag.de
Produktmanagement und Bildgestaltung: Joachim Hellmuth
Band- und Reihen-Konzeption: Rüdiger Dingemann
Textredaktion: Dr. Cornelia Fischer, Nierstein
Cover- und Schubergestaltung sowie grafisches Konzept des Innenteils:
Morgen – konzeption und gestaltung, Kai Dieterich, Berlin
Grafische Umsetzung: Comtex Büro für Medien- und Printdesign, Augsburg
Herstellung: Bettina Schippel
Repro und technische Produktion: Repro Ludwig, Zell am See
Printed and bound in Slovenia by MKT Print, Ljubljana
Die Deutsche Nationalbibliothek – CIP-Einheitsaufnahme
Ein Titeldatensatz ist bei der Deutschen Nationalbibliothek erhältlich.

ISBN 978-3-7658-1757-1

Heike ist Hilde: Die Schauspielerin Heike Makatsch (rechts) spielte die Hauptrolle in der Verfilmung des Lebens der Chansonsängerin, Schauspielerin und Schriftstellerin Hildegard Knef. Der Film »Hilde« (Regie: Kai Wessel) kam im März 2009 in die deutschen Kinos. Hier ist sie zusammen mit den Witwer von Hildegard Knef, Paul von Schell, während der 59. Berlinale am 13. Februar 2009 zu sehen.

EREIGNISSE IN DER WELT		EREIGNISSE IN DEUTSCHLAND
Ägyptischer Präsident Anwar al-Sadat besucht Israel *Bürgerrechtsgruppe Charta 77 in Prag gegründet* *Amnesty International erhält Friedensnobelpreis*	1977	Bundesbahn mustert ihre letzte Dampflokomotive aus Deutscher Herbst: Höhepunkt des RAF-Terrors in Deutschland Wärmstes Weihnachten seit 100 Jahren
Das erste Retortenbaby der Welt in England geboren *Dreipäpstejahr: Tod Pauls VI.; Johannes Paul I. stirbt nach 33 Tagen; Johannes Paul II. wird Nachfolger*	1978	Kulturabkommen zwischen der BRD und Israel Deutschland wird zum zweiten Mal Handballweltmeister Herbert Gruhl gründet die Grüne Aktion Zukunft
NATO-Doppelbeschluss: Nachrüstung von Atomwaffen *Erste Direktwahl zum Europa-Parlament* *Islamische Revolution im Iran*	1979	Karl Carstens (CDU) wird Bundespräsident Mutterschaftsurlaub wird im Gesetz verankert Aus Grünen Listen entsteht die Partei Die Grünen
Gewerkschaft Solidarność wird in Polen gegründet *Tod des jugoslawischen Staatspräsidenten J. B. Tito* *Boykott der XXII. Olympischen Sommerspiele in Moskau*	1980	Gesetz über Gleichbehandlung am Arbeitsplatz Bombenanschlag auf dem Münchner Oktoberfest Erstmals Sommerzeit in der BRD und der DDR
Attentat auf Papst Johannes Paul II. in Rom *England: Hochzeit von Lady Diana und Prinz Charles* *Ermordung von Anwar al-Sadat in Kairo*	1981	Gewalttätiger Anti-Atomkraftprotest in Brokdorf Lebensmittelskandal: Winzer panschen Wein Fass ohne Boden: In der BRD steigt die Staatsverschuldung
Falklandkrieg *Beginn des Bürgerkriegs der Contras in Nicaragua* *Verbot der polnischen Gewerkschaft Solidarność*	1982	Misstrauensvotum: Helmut Kohl (CDU) wird Bundeskanzler Erstes deutsches Retortenbaby wird in Erlangen geboren Sitzblockaden gegen die NATO-Nachrüstung in Mutlangen
Beendigung des Kriegsrechts in Polen *Tödliche Seuche AIDS breitet sich aus* *Proklamation der »Türkischen Republik Nordzypern«*	1983	Ulf Merbold fliegt als erster Bundesbürger ins All Bonner Demonstration gegen NATO-Doppelbeschluss Franz Josef Strauß verschafft der DDR einen Milliardenkredit
Ostblock boykottiert Olympische Spiele in Los Angeles *Olympische Winterspiele in Sarajevo* *Versöhnungsgeste zw. Kohl und Mitterrand in Verdun*	1984	Richard von Weizsäcker (CDU) wird Bundespräsident Waldschadensbericht: 50 % des dt. Waldes sind geschädigt Streiks in der BRD für die 38,5-Stunden-Woche
Michail Gorbatschow wird Generalsekretär der KPdSU *Tod von Albaniens Diktator Enver Hoxha* *Kreuzfahrtschiff »Achille Lauro« wird entführt*	1985	Boris Becker gewinnt zum ersten Mal Wimbledon Der neuartige Schnellzug ICE fährt 317 Stundenkilometer Fernsehserie »Lindenstraße« wird gestartet
Kernmodul der Raumstation »MIR« ins All geschossen *Reaktorkatastrophe von Tschernobyl* *Kurdenkonflikt im Irak*	1986	Die US-Raumfähre »Challenger« explodiert Ein neues Abfallgesetz in der BRD: Wiederverwertung Bundestag tagt wegen Umbau im Wasserkraftwerk
UdSSR und USA zeichnen Mittelstreckenraketen-Vertrag *Beginn der ersten Intifada in Palästina* *Michail Gorbatschow kündigt Perestroika an*	1987	Barschel-Affäre: Unfairer Wahlkampf in Schleswig-Holstein Mathias Rust landet mit einer Cessna auf dem Roten Platz Die Todesstrafe wird in der DDR abgeschafft
UdSSR beginnt mit dem Rückzug aus Afghanistan *Lockerbie: Anschlag auf eine Boeing 747* *Olympische Spiele in Calgary und in Seoul*	1988	Flugschau-Unglück in Ramstein: 70 Menschen getötet Steffi Graf gewinnt im Tennis alle vier Grand-Slam-Turniere Gladbecker Geiseldrama: Flucht vor Kamera und Journalisten
Slobodan Milošević wird Staatspräsident von Serbien *Václav Havel wird Präsident der Tschechoslowakei* *Peking: Massaker am »Platz des Himmlischen Friedens«*	1989	Ermordung des Chefs der Deutschen Bank, Alfred Herrhausen »Wir sind das Volk«: Montagsdemonstrationen in Leipzig Öffnung der Berliner Mauer und der innerdeutschen Grenze
Michail Gorbatschow wird Präsident der UdSSR *Apartheidsgesetz in Südafrika wird aufgehoben* *Schengener Abkommen wird unterzeichnet*	1990	3. Oktober: Deutsche Wiedervereinigung Deutschland wird zum dritten Mal Fußballweltmeister 35-Stunden-Woche im Öffentlichen Dienst
2. Golfkrieg: Irakische Truppen besetzen Kuwait *Auflösung der Sowjetunion* *Gletschermumie »Ötzi« wird gefunden*	1991	Der letzte Trabant (Trabbi) läuft vom Band Hauptstadtstreit: Bonn oder Berlin Ausländerfeindlicher Brandanschlag in Hoyerswerda
UN-Umwelt-Konferenz in Rio de Janeiro *Bürgerkrieg in Bosnien und Herzegowina* *Olympische Spiele in Albertville und in Barcelona*	1992	Erster UN-Einsatz der Bundeswehr Petra Kelly und Gert Bastian sterben gemeinsam Willy Brandt stirbt